松下幸之助的经营智慧

曾信智◎编著

浙江大学出版社
ZHEJIANG UNIVERSITY PRESS

目 录

他只接受过 4 年小学教育,却在 70 岁高龄获得日本著名学府早稻田大学的名誉法学博士学位。

他因父亲生意失败,离开家去当学徒,23 岁的时候以 100 日元创业,7 年之后成为日本收入最高的人,逝世时,留下了 15 亿多美元的遗产。

创业之初只有三个人的小作坊,在他的带领之下变成了一个跨国性公司,在全世界设有 230 多家公司,员工总数超过 250,000 人。截至 2008 年 4 月 1 日,其中在中国有 100,000 多人。2007 年全年的销售总额为 700 多亿美元,位居世界制造业 500 强的第 59 位。

欧洲人特别认同他身上的三种魅力:

第一种,他的出身及成长背景。世界屈指可数的成功者,竟尝过种种辛酸,真令人惊叹。

第二种,西洋人对他具有与产业革命初期众多欧美领导者相同的特质极感兴趣。

第三种，他将日本悲惨的战败，依靠果敢决断及员工的忠诚敬爱，复兴起来。这是欧美领袖不易做到的。

他一生的事业奋斗经历和优秀的经营管理才能取得了世人瞩目的业绩，为自己赢得了无比辉煌的荣誉。1958 年 6 月，获得由荷兰政府颁发的"奥伦治领导者声望"奖章；第一次访问洛杉矶时，该市市长把松下到达洛杉矶的那一天定为"松下幸之助日"；1979 年，在马来西亚受到政府的表彰，并赠以荣誉勋章；也经常被《时代》、《生活》等著名杂志介绍。但他却始终以平常心去对待，甚至很多人评价他就像是个普通人。确实如此，他是一个平凡的人，却有着高尚的人格魅力和高明的经营智慧。

他就是"电器王国"日本著名跨国公司松下电器的创始人松下幸之助，被人称为"经营之神"。"事业部"、"终身雇佣制"、"年功序列"等日本企业的管理制度都由他首创。

松下集团 1994 年的年营业额为美国微软、麦当劳与福特三大集团年营业额总和的一倍以上，至今仍是世界上最大的电器生产制造及销售企业。松下集团的巨大成功是与松下本人的人生智慧、艰苦奋斗和苦心经营分不开的，70 余年的商海沉浮，不仅松下集团成为全球电器的领头军，而且松下先生也成为世界上最令人仰慕的商界领袖。读了 4 年书的松下先生的经营管理经验却成为 MBA 学习的经典教材，也让众多企业家争相研究和效仿。

他是松下电器的精神之魂，他奠定了企业属于全国民所有，生产的任务是消灭贫困的思想，他的经营都是本着诚信务实的态度进行的，他不浮夸、不激进，一生富有激情，他传奇般地带领企业一次次走出危机，走向辉煌。

他拥有崇高的境界，他认为上天赋予人的生命，就是要为人类的繁荣、和平和幸福作出贡献。心中有大爱，在为人们谋福祉上从不吝啬。他认为"企业即人"，不遗余力地为员工谋求更高的待遇、更好的福利及更高的技术，生产更多便宜好用的产品造福于人民。在劳资关系最紧张的时代，他也一直站在员工这边。他曾被评为日本"你最尊敬的人物"第一名，他不仅仅是位企业家，有人说他像一名哲人，松下进入平稳期后，他毅然辞去总裁之职，开始倡导 PHP（以繁荣求和平、求幸福的缩写），并将心得写成文章，以惠大众。也有人说他是一位道德的理想主义者，在尔虞我诈的商业经营中，竟能保持一颗"天真"、"率真"的心，他经常与一些灵魂的导师沟通，寻找人性之美，剔除人性之恶，并将这种感悟放在经营过程中。所以，很多人也说，他是一位拥有完美灵魂的人。

他虽然智慧高深，却一直抱朴守拙，恪守商规。有利于企业或者是合作伙伴的，会率直地提出意见，当发现有不妥或者不对的地方，也同样地直言不讳，也正是这种率直，让他赢得了尊敬和信任。不管是在企业的经营中还是在平常生活中，他一向保持着诚信的态度，包括对待公司员工、合作伙伴和顾客，任人惟才、诚信经营、卖商品就像嫁女儿等都是他的特色。在纷杂的世事中，他就像名朴实的智者，用最根本的态度去对待所有的事情，反而比费尽心机、精打算盘的人更成功。

他从一个小出租房开始，不断地扩大，兼收并蓄。却一生谦和。他常说"谦和的态度，常会使人无法拒绝你的要求，这也是一个人无往不利的要诀。"就像成熟的稻子会自然地弯着一样，松下先生一直抱着谦虚的态度去学习进取，虽事业成功却从不沾沾自喜、傲慢待人，甚至常说自己是企业中"最差"的人以鼓励员工和激励自己更好地学习。同时他认为谦逊、随和、低调、有礼貌是企业经营者必备的素质。

他是出色的思想家，常常由一件小事而引发出对经营的思考却能发挥巨大的效能，例如著名的自来水理论、玻璃式经营和水坝式管理，由宗教引发的企业管理理念让松下电器上下一心，增强了企业的凝聚力，更有朝会、社歌、七大精神的精神动力，透明式经营让员工更了解企业，更信赖企业，增强了向心力。这些制度不仅仅是在日本及亚洲国家被复制，连同以自由著称的美国也开始仿效这些管理方式，以改变企业中散漫或者人才流失的状况。他构造的企业软体制度和硬体制度，为松下电器搭建了企业发展的轮廓，事业部制度更为企业的高效发展装上了马达，也为后来松下电器的发展打下了良好的制度基础。

商场如战场，即使仁心宅厚的松下也说做生意就像是真刀实剑的战争，一不小心就会被竞争者战胜。在弱肉强食的战场上怎样保持足够的竞争力？松下的秘诀就是"合理竞争和合理的利润"，这也是他商德的重要组成部分。60多年执掌松下电器，他却从未参与过任何恶性的价格竞争，他的观念是企业作为国家生产的工具，作用是生产更多的产品让员工有更多的收入，人民有更多的产品可用，政府可以增加税收用作建设。在众多的竞争中，他就像是位高明的剑客，拥有独门秘诀，战无不胜甚至不战而胜。

时光如潮水，在平稳的时候要注意方向、暗礁，在浪尖的时候要保持清醒，抓住机遇，再次腾飞。如潮起潮落般，企业也会有辉煌期和黯淡期。但是纵观松下电器的发展，从松下在马路上看到电车意识到以后电器将是发展主流开始，就像有一双命运之手指挥松下不断地前行。即使再幸运的人也会有困难的时候，但是松下电器却每次都能在逆镜中获得良好的反弹，即使是第二次世界大战时期，松下电器一贫如洗甚至身负巨债，但仍能在松下的带领下，积极进取，不断努力，打了漂亮的翻身仗。平坦的道路容易让人迷惑，一些坎坷更能让人警醒，松下电器从模仿到自主创新的过程也是一个认识自我，持续进步的过程，也正是有这样的清醒，才能使松下电器像装有警钟一样，鞭策自己，不断前行。

　　松下身体羸弱，却始终以积极的心态去面对人生，这也是他的经营智慧之一吧。他曾对身边的人说要活到 21 世纪，但天不遂愿，他于 1989 年以 96 岁高龄辞世，虽然有点遗憾，但他留下的精神财富和榜样力量就如同松下电器一样一直存在。他的朋友立花大龟师父曾经赞他"松下幸之助简直是一个阿修罗，不管白天黑夜，总是在不停地战斗，为了当商人赚钱，不断地战斗"。虽然立花大龟师父说他终有一天身体可能会受不了，但他的精神却始终饱满，即使退休在家，也每天一早在心高呼自己要做的事，就会有一种奇妙的力量。这或许就是信念的力量，就像松下幸之助始终相信信念一样，经营企业也是如此，要怀有必胜的决心和信念，偶尔要走弯路或者经历风雨，那也是必经之路。

　　经营要讲究方法，松下从不屑于以卑鄙的手段取得经营上的成功，他一生坦荡，遵照最基本的人生准则去做事，却非常富有人情味，他曾说人情味是一种很奇妙的东西，不管是顾客还是员工，如果相互之间有了很大的人情，那就没有做不成的生意或者管理上的成功。他很崇敬美国的福特先生，在观点和做法上也和福特先生类似。福特先生为了让美国人民都能开上车，生产了大量便宜实用的汽车，同时也创造了美国的"汽车王国"，而松下先生也是为了使日本人民都用上好用的电器，创造了他的"电器王国"，以电熨斗为例，电熨斗在当时是富裕家庭才能用的，但是松下为了让更多的人民用得起电熨斗，用技术革新、大量生产等方法使得电熨斗的价格降下来，成为真正惠及人民的产品。松下也是一直抱着这样的信念，不断地引发技术革命，生产了数万种电器，给世界各国都带来了福音。

　　在竞争越来越激烈的社会环境下，企业要如何在时代大潮中安身立命，长治久安？经营者要有足够的智慧去应对各种各样的问题。本书介绍的松下幸之助的经营智慧，希望能带来一些帮助，但是所有的智慧都不可能被复制，我们只能从松下幸之助先生的智慧中汲取一些启示，因地制宜用在平常的经营管理中。

第一部分
人的经营智慧

松下先生对"人"的经营智慧是他在执掌松下电器的数十年中对员工的管理，对合作伙伴的经营和顾客的服务中总结出来的智慧。

企业人才配置的经营是企业经营的重要组成部分，人是企业中最重要的组成部分，不论是普通员工还是高级技术人才，都是企业不可或缺的一部分，也是企业前进的源动力。

企业一般是通过人才网和人才市场招聘所需的员工，但近年来又兴起了"猎头公司"，是一种专门为企业寻找所需要的特殊人才或高端人才的机构，这其实也体现出企业充分认识到人才的重要性和对人才的渴求。

管理学上普遍认为，一个企业的竞争力归根结底就是看该企业的人才结构是否有竞争力，越来越多的企业也充分认识到，一个有卓见的领导班子，一群拥有高技术的人才和一批对企业忠诚的员工是这个企业的财富，也是企业能否长远发展的重要保证。那么企业要怎样留住员工，又怎样优化企业人才配置，使得员工能为企业发挥最大的作用呢？松下提出了"企业即人，成也在人，败也在人"，对企业的经营最重要的一点就是对人的经营。从招募员工到培养员工，每个企业都有自己的一套方法。例如美国通用电气公司最负盛名的 CEO 杰克·

韦尔奇先生曾创"无边界"理念,他认为"人是最可取的工具",主张人才流动化,鼓励员工挖掘自己的思想,学习和占有别人的能力。也正是由于他这样坚持将无边界理念进行到底,让他在短短的 20 年里,将一个弥漫着官僚主义气息的通用打造成一个充满朝气、富有生机的企业,也为人才创造出了一个全新的环境,通用公司集中了全球最优秀的企业家人才、科技新人才和最优秀的企业员工。

当然,这是典型的美国式的人才方式,很多日本的企业则往往是社区型的企业,相对来说比较封闭。例如松下先生一生致力于企业的经营,为员工创造一流的工作环境和生活环境,所以更注重于员工的内部培养。建立培训学校、员工间的互相指导都是非常好的培养方式。

现代人才的激烈竞争也对企业发出了一个挑战:如何留住优秀的员工?每个企业的答案不尽相同。我们看到企业在招聘员工时会打出"高薪诚聘"的字样,但事实上,高薪高福利仅仅是留住员工最基本的方式。最重要的是真诚,以情感为纽带的企业,以诚打动员工,真正做到企业即人,每个人都是企业的主人,每个人都在为企业服务,而企业又是因每位员工而存在,这种共荣辱、共进退的情感才是留住员工的最好方式。松下一直强调松下电器是每位员工的家,他在注重员工的工作能力的同时也注重员工的幸福感,这也是松下即使在最艰难的时候也坚持不裁员的原因。

事实上,企业对"人"的经营不仅仅指在员工方面,同样还有合作伙伴及顾客。企业能否得到合作伙伴的支持非常重要,尤其是供应商和经销商,得到供应商和下游厂商的信任,才能保持生产和供应链的顺利进行,仅仅是一朝一夕的合作很容易导致产品的不稳定和服务跟不上。松下先生对所有合作伙伴的诚实使得他也得到了他人的信任,这也是造就松下电器金字招牌的秘密武器。能得到顾客的信任、拥有忠实的客户是很多企业追求的目标,松下电器不二价和联盟连锁店的开立,使得很多顾客眼前一亮,高品质的产品和完美的服务态度使得松下电器获得顾客的一致好评。

松下不是一个刻意追求商业的人,却是商业的"经营之神",他谦逊的为人和包容的思想,以及他"为了使人们的生活变得更加丰富、更加舒适,并为了世界文化的发展作出贡献"的追求,成就了经营上的神话!

第一章

最大限度满足员工的需求

为何要最大限度满足员工的需求

松下有过不少经典的经营理念,企业即人的理念是松下先生对人才重要性的一个概括性总结,他明确意识到公司的兴衰起伏都是因人而起,有了人才有公司发展的一切,人也是企业核心竞争力的一部分。所以他经常讲的一句话就是:松下电器是制造人才的公司,顺带做电器。而最大满足员工的需要无疑是留住员工,培养员工,为员工发挥最大作用的基础。在松下不断学习新的管理方式和提升自身管理技术的过程中,"人"的管理始终是很重要的一部分。

西方的管理学中有一个理论是"以人为本",是指在管理过程中以人为出发点和中心,围绕着激发和调动人的主动性、积极性、创造性展开的,以实现人与企业共同发展的一系列活动。按照中国的汉字结构也可看出,企业的"企"字上面是人,意为人是企业的一切,下面是止,意为如果没有人,那一切也就停止了。在这一点上,几乎所有的经营家都持一致的观点:要使一个企业正常、有序、高效地发展,首先要做好对人的管理。

松下强调不管是在公司发展的高峰期还是在创业初期,都应给予员工稳定的工作环境。只有"稳"才有"齐",意思是只有整个企业的工作环境稳定,才能使员工安心地工作,也只有安心地工作,才能齐心协力为企业谋发展,创效益。而松下先生特别注意这一点,即使在企业最困难的时期也坚持不裁员,这不仅为企业留住了员工,使得后续工作得以顺利进行,也让员工放心,踏实在企业里工作,这就是企业和员工之间的良性循环。从反面来讲,所谓恶劣的工作环境,指的是员工流动性强,人心不齐,企业没有良好的企业文化或者员工并不认同企业的文化,这将严重破坏企业的凝聚力,生产力也将随之下滑。

了解员工的需要,并给予员工最好的回报。松下公司的员工不仅为企业的国际性行销自豪,更让他们自豪的是松下公司的工资国际化和福利国际化。高薪水是员工生活质量的保障,而高福利则给了员工归属感,两者缺一不可,这也是松下先生学习西方国家先进的经营方式,不仅生产规模和生产技术与国际接轨,而且在员工待遇和福利上面与国际接轨,这样才能与国外优秀企业为伍,与之竞争。事实也确实如此,松下集团的飞速发展,让很多原来在同一水平的企业望尘莫及,这也正因为松下先生想员工之所想,为员工提供最好的薪酬和福利,员工才能投桃报李,回报给公司更加倍的努力,使企业高效发展。而且高薪高福利的制度可以留住大部分的人才,人才是企业最宝贵的财富,有了人才,就有了先进的技术和生产力。

松下一直认为企业是属于全体国民的,松下先生与很多白手起家的创业者不同,他不认为企业是他个人的,而是认为企业是属于全体国民的。同样,员工就是企业的主人,企业所生产的产品和得到的利润,都包含着全体员工的辛苦,企业应为员工提供更好的生活品质和工作机会。松下先生管理期间,一直致力于企业和人的共同发展,追求企业发展的同时追求员工的幸福感。这是很多经营者做不到的。现在很多的企业家一味追求企业的发展而忽略了员工的个人追求,造成企业和员工之间的不和谐,引发劳资纠纷,也是要引以为戒的。

案例 1 · 不减薪、不裁员

1929 年华尔街经济危机之后,日本经济进入大萧条时期,整个国民经济陷入不景气,时局动荡,政府采取了紧缩的财政政策,尤其是"黄金解禁"公布后引起了财经界的混乱。物价下跌,很多工厂不得不缩小规模甚至倒闭,劳资纠纷不断。就连当时员工待遇最好的钟纺公司也因减薪引发纠纷。松下公司当时刚好新建了厂房,资金非常紧张,销售额减半,库存却达到了极限,松下先生当时正在病床上,如果不和其他工厂一样减薪裁员,减少生产和开支,恐怕将和其他工厂一样只能走向倒闭之路。公司内部的高管也建议松下裁减一半的员工以减少企业压力,寻找出路。但是松下先生却作出了让人意想不到的决定:生产额减半,但不减薪,不裁员,工人只上半天班,其余的时间去推销积压在仓库内的产品。在裁员风潮中,松下先生的不裁员不减薪政策让员工很受鼓舞,积极地去推销积压品,结果不仅库存销售一空,还出现产品供不应求的情况,甚至创下了当时松下最大的销售额。这种做法不仅让公司得益,在窘境中突围,更让员工视松下为家,上下齐心,热情地投入工作,从而也进一步促进了松下后续蒸蒸日上的发展。

第二次世界大战结束后,松下公司迎来了最困难的时期。由于战争期间松下公司被指定生产军需品,但日本战败,军方无力偿还债款,公司负债累累,尤其在1946 年松下幸之助被战后的盟军总部指为"财阀",而松下本人及公司常务董事以上的高层管理人员,都以"曾经担任军需品公司高级职员",遭到解职命令,并且由于多次抗议无效,只能辞职。这让整个松下公司遭受到很大的冲击,几乎到了崩溃的边缘。但意想不到的是,当时成立不久的松下电器工会和代理店联合起来多方奔走,联名签署陈情书送到东京,参加的人数多过几万人,最后在第二年5月才解除了驱逐令,松下先生回到公司继续经营几乎被战争拖垮的公司。

在那个劳资关系非常紧张的时期,以保障工人利益为己任的工会竟然能带家眷一起联合陈情,这也正是因为松下先生平时对员工非常关心,处处为员工着想,员工才能这样拥护他,上下齐心,公司才能得到长足发展。

松下电器经历了第二次世界大战、经济危机等几次大环境的影响,但松下认为,恶劣的经济环境是对企业的考验,在这个时候削减员工是非常不得当的,反而是培养员工、学习技术的好时机。因为在经济环境好的情况下,一直有订单在生产,工人要一直忙着工作,没有时间学习。生意就是这样,像天气一样,有的时候好,有的时候不好,在天气不好的时候,也不要责怪自己运气不好,应该多反思,而工厂在生意不好的时候,可以检修机器、让工人充电,这反倒是发现问题、解决问题的好方法。正是因为松下的这种乐观思想,工人没有过多地为经济危机而担心自己的失业问题,而是更感激企业,为企业作出更大的贡献。这也是为什么每次面临危机之时,松下电器总有新产品推出,助其走出困境的原因。

减薪裁员也许是很多企业度过经济低迷时期的一条途径,但是这很容易伤害员工的感情,损害劳资关系。劳资关系经常是企业中最重要的人际关系,如果劳资关系处理得不好,很容易引起人事动荡,甚至企业倒闭。2008年的华尔街金融危机引发了世界性的经济危机,全世界的经济都处在低迷状态,通货膨胀,货币贬值,企业亏损,而很多企业为了保持自身的发展,掀起了裁员大潮,包括诺基亚、西门子、通用、戴尔、索尼、富士康等著名的跨国公司都进行了全球性的裁员,一些中小型企业则通过放长假、减少工作时间等隐性减薪裁员的方式减少企业开支,渡过难关。从企业的角度来讲,这种方式可以调整企业战略,如诺基亚关闭在德国波鸿的工厂,带来了 2300 人的大裁员,西门子关闭旗下通信子公司,导致 3800 名员工失业。有的公司裁员则是要甩掉原本高福利的员工包袱,如富士康变相裁员了 5 万人,通用公司则一次性买断了 7.4 万工会工人,这样是可以减少公司的巨额人事支出,但是也带来了非常大的负面影响,企业形象严重受损。

在我国,2008 年也经历了经济寒冬,尤其是轻工、纺织等依赖于出口的行业。当时,在经济危机的影响下,世界经济依然持续低迷,有的企业迫于生存压力不得不考虑缩小规模,减少开支,但是也有很多面临困难的中小企业,纷纷作出了"不作经济性裁员、不减少职工工资、不降低职工福利,为确保社会稳定做贡献"等承诺和倡议。例如杭州时装作出了这样的决定:中层以上管理人员减薪 20%,普通员工不减薪、不裁员,福利保持不变。这样的措施,给很多员工吃了定心丸,表示将安心上班。青春宝集团、广厦集团、杭州民生药业等 30 家知名企业,在杭州共同发起倡议:面对金融危机带来的市场不景气和企业用工需求的下滑,企业负责人要敢于承担社会责任,企业职工要团结一致,共渡难关。

在温州瑞安,早已退居幕后的安固集团总裁陈永姆,拿出个人资产 2000 万元设立专项基金,作为未来两年内全体员工每人每月 850 元的基本工资保障金。他同时保证两年内不减薪、不裁员、不减少福利。

而在温州民营企业发展促进会的年会上,300 多家温州民营企业代表宣誓,承诺不裁员,不减薪,不减少福利,与员工共度"严冬"。参与宣誓的企业家说,用裁员或减薪应对困难不是根本的解决办法。练好内功,打造品牌,提高科技含量,困难面前抓住机遇,才能在逆境中杀出一条特色之路。

不约而同,宁波、金华等地决定不依靠裁员减薪度过"冬天"的企业数量,在不断地增加。在这些作出"三不"承诺的企业当中,不乏从事电子元器件制造、纺织、印染这些正经受金融危机严峻挑战的企业。

这仅仅是浙江省的一些企业，其他省份的企业也同样作出了不减薪、不裁员的承诺，这样的做法反而使企业更顺利、更平稳地发展。

案例 2 · 高薪、高福利

1951 年春天，松下幸之助到美国调查海外市场，学习更优秀的技术。当他得知通用电气员工的工资水平时，很是吃惊。在当时，通用电气生产的标准收音机在商场售价为 24 美元，工人只要工作两天就可以买一台；而松下电器的收音机在日本国内的售价为 9000 日元，当时工人的月平均工资为 6000 日元，工人得工作一个半月才能买一台。看到另外一家电子管制造厂女工的薪水，比日本一个总经理的还高。松下回国之后，几次大幅提升员工的薪水，并制定了"高效率、高薪津"的薪资理念，提高员工的工作效率，以实现在行内效率第一，薪津第一的愿望。松下为了激励员工在公司长期高效地工作，还有"员工持有股份"的制度，即内部员工可以参股，年底分红，这也是让员工与公司共存共荣的一个体现。

松下不仅在薪金上留住员工，还推行了很多福利措施，比如兴建员工住宅、宿舍、医院，还成立了"保健中心"。所谓的"保健中心"是松下的一个特色，包含了休闲、体育、集会所、结婚礼堂，等等，公司的福利涉及员工生活的方方面面，使工及其家属都受益。松下先生还鼓励员工向公司投资，建立储蓄制度，员工 35 岁之前拥有住房制度，同时还改善了住宅分售、贷款制度，建立了福利养老制度，根据员工个人志愿，将退休金改为终身养老金。员工的生活水平和生活质量有了保障，没有了后顾之忧，当然更尽全力地服务公司，这也是松下公司凝聚力强的原因之一。

松下本人自幼体弱，在工作期间也亲眼目睹过同事因为生病而无法工作，所以特别关注员工的身体健康，松下公司设有松下球场、体育馆设施，还经常开展各种各样的竞赛,比如运动会,经常组织员工参加市里甚至全国的比赛,一系列的活动不仅充实了员工的生活,运动会上得到的奖杯更是大大增强了员工的集体荣誉感,团队精神和合作理念也融入平常的工作方式中,大大提高了工作效率。

松下认为,贫困是罪恶的,生产的最终目的是消除社会贫困,而改善工人的薪资福利,是松下电器必须完成的使命和任务。物质是保障生活基本需要的条件,一个企业的理念和精神再好,如果在物质方面不能满足员工的需要,也很难使员工安心地呆在企业为企业服务。人是现实的,大多数员工会关心这个企业的薪资如何,福利怎样,是否比别的公司要好。所以松下一直强调,松下电器的薪资待遇要比别的企业,松下电器的员工一定要"高薪资,高效率"。很多企业会强调看员工表现,也就是说做到高效率的情况下提供高薪资,但松下先生却认为要在高薪资的保证下达到高效率的目标,以此来鼓励松下电器的员工。

在松下提出这个"高薪资、高效率"理念的时候,日本的统制令规定了企业不可随意加薪。但是随着物价频频上涨,如果企业一味遵照这种法律执行,员工的薪水不能提高,生活也将会出现困难,于是松下就这个问题和县长商量提高员工的工资,后来才获准临时加薪。

松下员工在公司储蓄的年利率是15%,但是由于山阳特殊制钢公司突然倒闭,使得公司支付不出员工的存款,于是制定了各种保护公司内存款的政策,连大藏省也出面希望劳动省那边,将员工存在公司的钱和利息,移到市面上的银行里面。有人向松下报告这件事的时候,他非常生气,认为大藏省是希望保护银行的利益,所以才希望将员工的钱和利息转到市面上的银行里,但是,劳动省本来应该是站在劳工这边,为劳工说话的,为什么还会做出这样不利于劳工的事呢?于是他马上命令属下去找劳动省的村上劳政局长抗议。

这也说明松下一向是站在员工这边的,凡事为员工着想,员工的薪资福利一向是员工关心的事情,也是企业必须关心的事情,只有将员工关心的事情解决好了,才能让员工放心地工作,生活有了保障,员工能够安心地工作,提高效率也就成为他们的唯一目标了。

现在很多的大企业都在打高薪高福利的招牌,以此来吸引人才和安抚员工。例如全球最佳雇主之一的宝洁公司广州分公司,有位员工生病,一共花了 21 万医药费,其中社会保险赔付了 4 万元,宝洁公司额外给员工购买的商业保险只赔付了 1 万元,还有 16 万元的医药费要自己承担,但这时,宝洁公司的重大生病支持项目给她送来了 10 万元的医药费,并告诉她,要好好养病,不要担心工作,公司会等着她重返工作岗位。公司的支持给了这位员工莫大的温暖,在宝洁,员工能不能过上高品质的生活,是公司福利的标准之一,宝洁专职的福利官每天的工作就是保证宝洁的福利和工资不能比竞争对手低,同时还要不断地跟员工沟通,看他们对什么样的福利更感兴趣。员工在这样的公司里面工作,会感受到公司对自身的尊重和支持,从而增加员工的归属感和提高工作积极性。

案例 3·每周五日工作制

松下先生赴欧美调研的时候,看到欧美一些国家的工人,不仅工资高,而且很早就实现了五日工作制。而松下公司每月只有四天休假,两天是公休,两天是员工的身心修养日。1955 年以后,日本在经济上已相当富裕,也有余力向海外出口产品了。同时,世界上许多国家也开始有求于日本。这种形势无疑对松下公司产生了影响。1959 年松下电器公司的出口额迅速增加。1960 年出口额由 1958 年的 32 亿元增加到 130 亿元以上,出口量在总产量中所占比例由 6% 升至 12%。在所谓"岩户景气"的形势下,日本经济风调雨顺,持续增长。从 1959 年起,贸易自由

化、外汇市场自由化的风潮日甚一日地向日本袭来。松下感到：若不具备雄厚的
竞争力，今后将难以在国际舞台上占有一席之地。于是在 1960 年 1 月的经营方针
发布会上，他告诫大家，不要被一时的经济繁荣所陶醉，要为在国际竞争中获胜而
努力，要争取实现每周五日工作制。松下阐述道："今后，国与国之间的竞争会愈演
愈烈。自由贸易的时代不久就要到来，外汇市场也将自由化。那时日本将跻身于
国际大舞台，很难想象，日本没有实力会陷入怎样的困境。目前，日本还实行各种
保护政策，不论美国还是欧洲的任何优良的产品一概不许进口。而一旦日本实行
自由贸易，人们就可以随心所欲地购买任何他们认为品质优良的产品，无须顾忌它
是出产于哪个国家。因此，不在国际竞争中设法取胜，日本企业就会栋折榱崩。对
我们来说，现在所谓的竞争只是同日本国内同行进行竞争，今后我们要同世界上的
同行一决雌雄。我们决不能不堪一击而轻易认输。到那时，松下公司的产品要源
源不断地运往国外，同国外的厂家竞争，这种竞争绝不会像在国内竞争那样简单，
我们必须对此有充分的准备。为此，我们要进一步改进工厂设备，尽量实现自动
化，大力提高效率，争取在国际竞争中立于不败之地，或者叫做称霸海外。"效率方
面的差距让松下印象深刻。他发现，实行五天工作制的美国效率比实行六天工作
制的日本效率要高得多，工人的人均产量比日本高出好多倍，而生活水平也越来越
高。因此，松下电器的首要任务就是必须成倍地提高效率。在 1960 年的经营方针
发表会上，松下提出，公司必须在 5 年后实行每周五天工作制。他对员工说，一旦
效率提高，工人的工作就会更辛苦，因此必须休息两天才能恢复体力。"到那个
时候，我们每周必须休息两天，因为那时候每天都非常忙碌，连打电话都不能慢
悠悠的，以前说 3 分钟现在就只能说 1 分钟。还要训练自己用这 1 分钟把要说的
话说完。"当时，松下的讲话引起会场内笑声一片，很多人认为是在做白日梦。而
工会方面甚至怀疑，减少工作日会不会使员工的工资下降。但伴随着公司效率的

提高,五年后的 1965 年 4 月,松下公司如期地开始实行"五日工作制"。每周休息两天,工作 40 小时的体制,这样有助于消除员工身心疲劳,让大家有机会享受文化生活。

虽然"五日工作制"在现在看来已经是很平常了,但在 20 世纪 60 年代的日本来说是很少的,就在我们中国,也是在 1995 年才开始实行职工每日工作 8 小时,每周工作 40 小时的制度。这也说明松下先生非常善于吸取国外的先进经验,力争企业员工和先进国家的待遇相同。在我们国家的大部分企业,尤其是劳动密集型企业里,很多还是六天制,甚至无休息,以劳动时间、加班工资来提高产量和增加工人工资,这是一种非常错误的观念。如果企业严格实行 5×8 的工作制度,以提高生产效率来提高产量和增加工人工资,例如,用更先进的机器,提高生产效率,或者培训更为熟练的工人进行生产劳动,这样完全可以在五日的时间内完成生产要求,还可以提高员工的生产技能,掌握更多的技术,提高企业的竞争力。与此同时,增加了员工的休息时间,有张有弛,员工才能更好地进行生产劳动。

本章启示

企业的生产经营离不开人,人的经营是企业管理的核心。企业就像一艘船,员工在船上各司其职,作为一名经营者,好比是船的舵手,要指挥好船的方向,也要保障好船上人员的安全,和船上人员能保持良好的关系,这样经营者才能在商海中自由遨游。

松下电器良好的劳资关系离不开松下先生对员工的关怀和尊敬。松下先生一生为人谦和,虽是公司的最高领导人,却对公司的每个人都是彬彬有礼,他一直将员工视为企业的财富,事实上也是如此。正如世界首富比尔·盖茨说,如果哪一天抽掉了他公司里的人才,那微软也就一文不值了。所有的企业都在追求人才,但如何留住人才却是难题,让员工保持较高的忠诚度,是企业应该研究的一个课题。良好的劳资关系是企业和谐发展的基础,世界经济瞬息万变,包括政治关系也是风云变幻,企业处在这样复杂的政治经济环境里面,要保持良好的劳资关系就必须让员工对企业产生实实在在的安全感,不论是裁员还是减薪,都将严重阻碍团队的发展,严重影响公司的凝聚力,也许企业裁掉了工作能力不强或者浑水摸鱼的员工,但是在这个过程中,也会让留下来的员工失去了对企业的信任,不知道哪天就会轮到自己。即使继续留下来,可能也会去寻找更好的机会,伺机跳槽。如果整个公司的人员处在这种状态下,公司就毫无凝聚力可言,一个没有凝聚力的公司就似一盘散沙,失去了发展的动力。

一个有着良好劳资关系的企业,一个被员工信任的企业,肯定有着良好的公众形象。一旦被破坏会产生巨大的负面影响,例如通用之前在公众的印象中都是高薪高福利的企业,通用员工也以通用企业为荣,但是进行裁员之后,面对巨大的财务危机及公众危机,只能申请破产保护;另一个比较典型的代表则是富士康公司,变相裁员引发的劳动争议案使其公众形象大损,尤其在这个信息传播迅速的时代,一旦形象破坏,重新塑造公司良好的信誉非常艰难,更影响公司的长远发展。

现在的企业都在积极地招募人才,激烈人才大战谁能赢?当然是有着良好企业形象和员工关系的企业。如果一家企业因员工流动性很大而被曝光,对后续招募优秀人员是非常不利的,大部分的员工希望能在企业稳定地工作,能有良好的薪资和福利及晋升制度。如果连稳定的工作都无法保证,也将难以保证员工能安心地工作。在平常的招聘过程中我们可以看到如果一家企业的口碑不好，是很难录用到优秀员工的。

在经济低迷的时候，只有公司上下齐心才能渡过难关，"齐心"是一个很重要的因素，经营者一定要以全体员工为本，集思广益，才能有更好的发展。

高薪高福利可以留住好员工。古语云："衣食足而知廉耻。"有竞争力的薪水是工作高效的保障。如果员工付出很多而回报却很少，那么，他一定会选择离开。松下幸之助主张支付员工"高工资"。古时打仗，"兵马未动，粮草先行"，说的就是后勤保障的重要性。经营企业也一样，只有解决了员工的后顾之忧，才能指望他们全力以赴。从实际情形而言，企业实力强大了，蛋糕做大了，经营者回馈员工，支付他们高薪，这是比较容易做到的；困难的是，在创业初期，或者企业遭遇不景气时期，仍然保持高薪。松下幸之助在企业最艰难的时候依然坚持不减薪，做到这一点，实在难能可贵。

全球著名的人力资源服务公司 Kelly Services 调查研究指出，92％的企业认为核心竞争力受到关键人才短缺的影响，而80％的企业正在通过提供更具竞争力的薪酬福利来吸引保留人才。可见，高薪水、高福利仍然是吸引人才的最大优势。

首先，高薪水是保障员工稳定的方法。我们经常可以看到一句话：对于员工来说，工资决定态度。虽然此话有所偏颇，但细想，是有道理的。如果一个员工的薪水不足以维持他的生活，那他一定会离职寻找更好的机会；如果他的薪水只是一般的水平，如果有更高薪水的企业来找他，他也可能会离职。薪水是一个员工在公司里工作的直接体现。员工作为一个社会人，要承担家庭及其他的开支，工作首先是为了赚钱养家，如果企业的员工能有高薪水，不必为生活担忧，那工作对于他来说就变成了一种实现自身价值的需要，比如在同一工作岗位上,他工作得更优秀,得到公司的赞誉,那就成为了他的荣耀,也将刺激他更为努力地工作。但是相反,如果他的薪水不高,还要为生活所忧,那工作对他来说,只是赚钱的方式,寻找到赚更多钱的工作才变成了他的目的。这样的工作状态,是不利于公司发展的。

其次,福利代表着一个企业对员工的关怀度,一个拥有高福利的企业一般认为员工是企业的最大财富,而高福利的企业也是一种品质的象征,是树立一个企业良好形象的方法。

合理的劳动时间对员工非常重要,在这个基本已经实现自动化的社会,人已从机械的劳动中解放出来,越来越多的人希望在工作之余能有自己的生活或者是学习机会。五天八小时制度已经是大部分管理人员的工作时间,但是在很多普通员工看来却是个奢望,尤其是在劳动密集型企业里。松下先生有着管理的天赋,在20世纪60年代就提出了每周五日工作制的理念,让员工在工作之余有自己的空间和学习时间。

综上所述,松下先生最大满足员工需要的理念能给我们现代企业带来以下启示:

第一,要努力保障员工的安全感。我国的国情比较特殊,东西部发展极不平衡,很多东部企业的普通员工来自中西部不发达地区,也就是俗称的"农民工",对工作的安全感和对企业的归属感非常重要。其实高端人才也是如此,一个没有归属感的企业是留不住人才的,所以,作为一名经营者,一定要做到员工以企业为家,每位员工都是企业的主人,保障企业的稳定运营。

第二,要努力保障员工的待遇水平。如果一个企业连员工的薪资福利都保证不了,那员工也不可能为企业卖力地工作。但人的欲望是无穷的,企业不可能满足员工越来越高的要求,但是至少不能低于同行业标准,略高于平均水平或者保证领先于同行业,那也是对员工工作的尊重和认可,也是员工努力工作的动力。

第三,要保障员工工作和生活时间的平衡。只有末流企业才会将工人当作机器人不停地、机械地工作。良好的休息是努力工作的保证,保障员工的休息时间也是企业应尽的职责。

第二章
最大限度发挥员工的才能

如何最大限度发挥员工的才能

现在的生产厂商都很聪明，都会依照市场需求来量身定做产品，就拿杯子而言，实验室的杯子一般都会有刻度以满足测量的需要，家庭型的杯子则侧重于经济耐用，酒吧或一些比较高级的场所需要的则是喝酒的高脚杯。当然价格也是不一样的，一个喝红酒的高脚杯至少也要 25 元，但是普通的玻璃水杯则只需要 1 元钱。普通的家庭不会去买 25 元的高脚杯来喝水，而在酒吧里用 1 元钱的玻璃水杯显然也不合适。

企业也是如此，社会就像是生产人才的厂商，什么样的人才都为，在企业招聘的时候显然不会让一名高材生去做车间工人，也不可能让一名业务人员去做财务，这就是选择合适的人才和人才高效配置的道理。但是在某企业管理调查中发现，有 85％的人才都为找不到好企业而苦恼，也有 80％的企业老板为找不到合适的人才而着急，社会信息不对称是一个原因，但也有很大部分是由于企业没有良好的人才构建和人才配置，往往什么岗位缺人就赶紧招什么人员，通常这只是应急方法，而不是长远的人才配置。

长远的人才配置在于培养适合企业的人才，未来社会人才竞争越来越激烈，企业应该着眼社会与未来，努力培养更多的优秀人才。例如三星公司实施资助中国学生到韩国等国家定向培养战略，既解决了优秀学生深造和就业的问题，又为三星的未来塑造了优秀人才。西门子中国公司专门成立了高等联络机构，推出了"西门子国际学生圈"活动，以增进中国人对西门子的了解。另外，西门子公司还制定和实施了"DAAD 亚洲 21 世纪奖学金"计划，资助有用人才完成学业。美国科用公司对挑选出来的 200 名未来公司创新人才，给予每人 2.5万美元的股票奖励，7 年后划归个人所有。而微软公司则在中国前 50 位的高校分别建立了人才通道，向这些高校赠送 3000 多万元的软件，向加入人才俱乐部的高校师生提供技术培训等。可以说以上种种都是各跨国大企业的培养计划，虽然不可能所有的企业都能像这些大集团公司一样，做到如此有吸引力的培养计划，但企业的人才需要不能只依靠于社会已经培养好的人才，而应着眼于企业内部的培训，这样才能既培养出适合企业要求的人才，又能提升员工的忠诚度。

在员工管理方面，有著名的"美酒与污水"效应，将一杯美酒倒入一桶污水里面，得到的就是一桶污水，而将一杯污水倒入一桶美酒里面，得到的依然是一桶污水。也就是说如果一个高效能干的人才进入一个散漫的团队，他也会被散漫的团队氛围影响变成懒散拖沓的人；一个散漫的领导进入一个高效有序的团队，同样的，这个团队也会变成一盘散沙。高效的企业管理制度是很容易复制的，而高效的企业管理团队和优越的人才配置却是不可复制的，每个公司的情况和制度不一样，但一定要有一套符合自身条件的人员配置，才能将团队效应发挥到极致。

松下先生一直非常重视人员的选拔和员工的培养,他坚持适用原则,即70分概念,人才只要70分符合岗位需求就可以了,不能强求百分百地适用,而员工进入公司之后则需要长时间的培养锻炼,才能成为最适用于松下的人才。在人才运用方面,松下也有过教训,最后才形成了他后来任人唯贤的用人方针。松下为公司挑选的人才基本上都在后来挑起了管理松下电器的重担,也几乎终生服务于松下电器公司。我们在本章中,将从管理员工方面学习松下的经营智慧。

案例1·慧眼识珠识人才

松下有一套独特的选人方法,和一般公司一样,通过笔试和面试层层筛选才能进入松下公司,当然这并不是从创业之初就有的。松下电器发展初期,正值经济动荡时期,各个企业单位人事变化都很大,很需要工人。松下只是一个小工厂,有30名员工,松下经常担心有员工会离开公司,所以他每天早上都在公司门口等,人到齐后,他就松一口气,总算所有的员工都来了。当然松下电器成为大公司后就不一样了,所有的员工都必须经过严格的筛选,力求获得最优秀的人才。以下是两个为人传颂的松下招聘员工的故事:

有一次,日本松下公司招聘一批推销人员,考试由笔试与面试相结合进行。录取的名额只有10人,可报考的却有几百人。经过一个星期的繁忙招考,最后通过计算机计分,选出了10名佼佼者。当松下幸之助将录取者一个个过目时,发现面试时给他留下深刻印象,成绩特别出色的神田三郎没有在10人之列。他感到很奇怪,当即叫人复查考试分数统计情况。经过复查,发现神田三郎综合成绩名列第二,只因计算机出了故障,把分数和名次排错了,才导致神田三郎落选。松下幸之助立即吩咐下属纠正错误,给神田三郎发录用通知书。第二天,给神田发通知书的助手向松下报告了一个惊人的消息:神田三郎因没有被录用而跳楼自杀了,录用通知书到时,人已经死了。听到这个消息后,松下幸之助沉默了很长时间,助手以为是可惜了人才,对松下说:"可惜了,这么有才的一位青年,我们没有录取他。"但松下并不认为如此,摇摇头说:"幸亏我们公司没有录用他。意志如此不坚强的人是干不成大事的,由这件事也可看出,我们招工的试题是出得不合理的。"销售这份工作对员工的心理素质要求很高,虽然神田三郎的综合成绩很高,但是并不适合于销售这一职位。

另一个招聘故事:当时松下公司预备从新招的3名员工中选出一位做市场策划,通过他们例行上岗前的"魔鬼训练",予以考核。公司将他们从东京送往广岛,让他们在那里生活一天,按最低标准给每人生活费用2000日元,最后看他们谁剩的钱多,其实剩钱简直是不可能的,一罐乌龙茶的价格是300日元,一听可乐的价格是200日元,最便宜的旅馆一夜就需要2000日元……也就是说,他们手里的钱仅仅够在旅馆里住一夜,要么就别睡觉,要么就别吃饭,除非他们在天黑之前让这些钱生出更多的钱。而且他们必须单独生存,不能联手合作,更不能给人打工。第一位先生非常聪明,他用500日元买了一副墨镜,用剩下的钱买了一把二手吉他,来到广岛最繁华的地段——新干线售票大厅外的广场上,演起了"盲人卖艺",半天下来,他的大琴盒里已经是满满的钞票了。第二位先生也非常聪明,他花500日元做了一个大箱子,上面写道"将核武器赶出地球——纪念广岛灾难40周年暨为加快广岛建设大募捐",也放在这最繁华的广场上。然后用剩下的钱雇了两个中学生做现场宣传讲演,还不到中午,他的大募捐箱就满了。第三位先生真是个没头脑的家伙,或许他太累了,他做的第一件事就是找了个小餐馆,一杯清酒、一份生鱼、一碗米饭,好好地吃了一顿,一下子就消费了1500日元。然后钻进一辆废弃的丰田汽车里美美地睡了一觉……广岛的人真不错,两位先生的"生意"异常红火,一天下来,他们对自己的聪明和不菲的收入暗自高兴。谁知,傍晚时分,厄运降临到他们头上,一名佩戴胸卡和袖标、腰挎手枪的城市稽查人员出现在广场上。他扔掉了"盲人"的墨镜,摔碎了"盲人"的吉他,撕破了募捐人的箱子并赶走了他雇的学生,没收了他们的"财产",收缴了他们的身份证,还扬言要以欺诈罪起诉他们……

这下完了,别说赚钱,连老本都亏进去了。当他们想方设法借了点路费、狼狈不堪地返回松下公司时,已经比规定时间晚了一天,更让他们脸红的是,那个稽查人员正在公司恭候!是的,他就是那个在饭馆里吃饭、在汽车里睡觉的第三位先生,他的投资是用 150 日元做了个袖标、一枚胸卡,花 350 日元从一个拾垃圾老人那儿买了一把旧玩具手枪和一脸化妆用的络腮胡子。当然,还有就是花 1500 日元吃了顿饭。这时,松下公司国际市场营销部课长宫地孝满走出来,一本正经地对站在那里怔怔发呆的"盲人"和"募捐人"说:"企业要生存发展,要获得丰厚的利润,不仅仅要会吃市场,最重要的是懂得怎样吃掉市场的人。"

而从松下招募案例中我们可以看到松下电器对人员的要求,可能并不是最优秀的,但一定要是最适合的。松下认为做生意就像真正的刀枪硬战,一不小心就会一败涂地,所以人才的选择非常重要,这是普通员工的招聘案例,在高层管理人才的选择上,松下也是独具慧眼。

从中尾哲二郎(历任松下电器要职,后担副社长一职)的事情也可以看出,松下相信自己的眼光,选择适合的人才,而不受旁人的影响。松下电器有一家转包的工厂H,那里的老板本来一直在东京工作,因为松下的妻弟井植劝到大阪来工作,工人出身,做事很努力。但松下认为他有一点固执,例如做底盘的模型,他都是从东京带过来,即使坏了,也要拿到东京去修,其实在大阪买个新的也不过才二三十元,但他坚持这样才能保持在大阪有最优等的制品。他们赶时间修理模型时,松下就会将车库免费借给他们使用。有一次,不是老板来借,而是一个年轻人,松下看他一副书生模样,不像是工人,但他说他是 H 厂的工人,来借车床的,松下问他什么时候到的 H 厂,他回答说是因为东京大地震,就转到大阪,别人介绍他进了 H 厂。松下觉得他实在不像是个工人,于是问他是否有这方面的经验,出乎他意料的是年轻人说:"我在金属工厂做了很久的学徒,对这种模型类的工作是很有经验的。"松下在他工作的时候,站在旁边看他,技术的确非常精湛,甚至比他老板还要好,于是一心想邀请他到松下电器工作,正好几天后碰到了 H 老板,并跟他说明此事,但 H 老板却不赞同,认为他太啰嗦,总是在怪他工作不好,觉得这个年轻人不行。虽然如此,松下仍然觉得这个年轻人是不错的,H 老板说他实在让我头疼,如果你觉得他不错,那就请他到你们工厂去做事吧。松下也正有此意,就这样,中尾君到了松下电器。

中尾成为松下的一员后,从事模型制作和车床部门的工作,他是个对工作很热心,技术也相当优秀的小伙子。松下后来得知,中尾因小学毕业后父母早逝,就去了金属工厂当学徒,晚上去读夜间部,毕业于工艺学校。这让松下很高兴,认为他爱学习和钻研技术,渐渐地,将一些重要的技术工作都交给他负责。最让松下看中的一点是中尾身上并没有当时很多年轻人身上的野心勃勃,反而将名利看得很淡,这让松下认为他的人品非常可靠。

过了一年后,中尾意外地提出辞职,并解释说是以前他当学徒时候的老东家的儿子打算重新开厂,写信叫他去帮忙,为了报答养育之恩,他愿意不顾一切去重振老主人家的名声。虽然松下非常舍不得这个人才,但是这样的理由又让他觉得实在不便挽留,于是集合所有员工给他开了欢送会,并在当时豪华的宴会上给他送行,称赞中尾的义气,还说万一工作不顺利一定要回来松下电器。这让中尾非常感动,表示以后一定要为松下贡献所有的力量,"埋骨于松下电器"。

中尾到了新东家之后担任要职,第二年松下去东京联络处的时候,主任对他说中尾去过,给他留了他们工厂制作的收音机矿石检波器样品,当松下得知他们的经营并不好时,立即表示要帮中尾销售,虽然这个检波器通过销售卖得很好,评价也不错,但是仅凭这一个产品并不能让他的工厂实现盈利。松下陷入了两难,他想立即将中尾招募回工厂,但中尾表示"工厂这样的状态,我很担心,非常抱歉,不能接受您的好意,我一定要留下来,一直到工厂经营稳定为止,这是我的责任,如果有一天,工厂已经安定,不再需要我,老板也愿意放我走的时候,我一定回到松下好好努力,但是现在不能。"松下听完之后,更加敬佩中尾的为人,在主任安本君的建议下,将大阪的铁器部分,全部交给中尾的工厂去做,这样有利于三方。经过一段时间,工厂稳定后,中尾回到了松下电器工作,并且如他所说一直非常努力。这也是松下非常引以为荣的人才,也证明了松下的眼光和对人才的重视。

案例 2 · 实实在在用人才

公司招聘了员工之后怎么用也是个问题,怎样用人才能使员工的能力最大化发挥?松下一向任人唯贤,他认为经营者和同事之间最好不要是朋友关系或者是亲属关系,不然,情感会影响自己的决断力,尤其是在朋友或者亲属的能力达不到公司要求的情况下,很有可能会碍于情面还是让其留在公司,这样容易造成人才资源的浪费和整体效能下滑。

有一家和松下生意上有来往的批发商,遭受了空前的危机,当时两百家连锁店,大部分都受到了影响,除了少数店之外。这家店长和松下很熟悉,而且本人也是非常有头脑且经验丰富,他一直不明白这其中的原因是什么。松下借此机会和这位批发商探讨,为什么批发商经营这么长时间都没出现问题,却在这个时候发生了这么大的危机，仅仅是因为经济不景气吗？他们为此展开了讨论：

"社长，您认为贵公司现在出现这种情况原因是什么？"松下问。

"我一直都在努力地工作，但业绩始终不理想，我也不清楚为什么会这样。"

"据我看，是因为有一个人妨碍了工作，所以不管你怎么努力，工作还是无法顺利地进展，如果你再不注意这点，恐怕以后很难再顺利发展了。"

"这个人是谁啊？"批发商老板大吃一惊。

"就是你担任常务董事的儿子。"

批发商老板还是非常纳闷，为什么自己的儿子会影响到自己的生意，还导致这么严重的问题呢？松下继续跟他说，"当然，您的儿子并不是有意这么做的，他也是为了您的店已经在全力以赴了，但是他一点都不懂经营，由他来担任常务董事，这不是妨碍工作吗？您觉得呢？"

批发商老板陷入了深思，松下劝他如果想让店重新再发展起来，就赶紧让他的儿子去别的地方先学习3年。看起来有点不合情理，但是批发商老板还是接受了松下的建议，让儿子先到别的地方学习，并在这个期间重新策划生意，终于让所有的店都扭亏增盈，而他那做常务董事的儿子在外面学习3年之后，也成为了一名非常优秀的商人。

为什么松下会有这样的认识呢？因为他自己也曾经有过这样的教训。松下有个朋友叫武久君，和松下一样，从小在米店做学徒，后来开了一家小小的米店，由于两个人是一条街选出来的议员，对合作社的工作意见也一致，慢慢地变成了好朋友，时常就如何做生意交换意见。他起初是从小资本开始做，因为夫妇通力合作，生意兴隆，资产也增加了。经营租赁生意也很顺利。他在新开町内，做了5年生意，已经拥有两三万元的资产。但是武久君并不满足于此，经常和松下先生讨论投资和经营生意方面的事情，渐渐地，对松下电器也慢慢感兴趣，并偶尔为松下做点事情。当时,松下考虑到电热器的发展,计划在松下电器增设一个电热部,并将这个计划告诉了武久君,希望他可以出一部分资金共同经营这个电热部,武久君欣然同意,于是松下将电热部交给了技术非常可靠的中尾君和武久君合作发展。后来中尾君设计出了"超级电熨斗",在当时电熨斗的市场需求并不大,可能一年不到 10 个,而且当时还有比较著名的其他 3 家工厂在做,加上一部分西方的舶来品,供给多,需求少,定价还高,一般人买不起。松下先生特别交代中尾君价格一定要比市场上便宜三成以上,品质一定要好,但中尾君计算过后发现,最少要制造 1 万个,价格才可以便宜三成以上,松下先生也同意了。经过先期销售,结果比预期的要好,因为生产出来的电熨斗既便宜质量又好,很受大家欢迎。后来电热部就完全交给武久君和中尾君负责,松下专心经营自己的生产工厂,但是过了半期决算的结果却发现出现了亏损。本来一个非常好的计划,最后却出现了亏损,松下一直思考问题出在哪里。经过冷静的思考,松下找到了症结所在,计划和方针都没有错,但在执行上还是有不得当的地方:作为负责人的武久君,是电器方面的外行,对制作也没有经验,再加上自己的米店要经营,偶尔会分下心,所以松下认为主要是他们俩不够专心为电器部卖力。

松下经过反复思考,对武久君提出关于电热部亏损这件事,是因为自己的想法是错误的,虽然两个人是共同经营者,也是好朋友,但是不应该将经营的责任交给外行的武久君,并希望以后自己将精力放在电热部上面,而武久君还是做自己专业的米店好了。但武久君认为他已经参与了经营,而且对电器也比较感兴趣,舍不得离开。松下对他说,如果他真的对电器非常感兴趣并希望一直做下去的话,希望他能做个普通的职员,从头开始。但又怕武久君做了负责人之后再从一个普通职员做起,会觉得没面子,所以让武久君回去再考虑一下。第二天一大早,武久君便向松下说,希望能做一名普通职员。这让松下非常高兴,他认为虽然他失去了一个非常难得的朋友,但得到了一名可靠的职员。

案例3·不遗余力培养员工

在日本松下电器公司的一次会议上,松下幸之助问公司的一位中层雇员:"在与客户打交道时,如果客户问你,松下电器公司的主要产品是什么,你怎么回答?"所有在座的人都觉得奇怪,松下电器公司的主要产品不就是各种电器吗?这位下属也不解其意地说:"当然是各种电器。"松下对他说,"不对,以后客户问到松下是做什么的,应该说培养人才,兼做电器的。"松下先生一直坚持培养员工,就像他说的松下是培养人才的地方,兼做电器生意。

曾经有一个公司的职员和松下特别要好,有一次,他因为业务关系去松下的公司,对松下说:"东京现在有一家工厂,松下先生,要不要买下这家工厂呢?我觉得这个工厂很有希望,如果您能买下来的话,一定会成为一个很棒的工厂。"这个年轻人对松下侃侃而谈了三十多分钟,向他分析那家工厂的情形,分析如果松下买下那家工厂将是怎样的发展情况,等等。松下想了想,对他说:"既然你这么大力推荐,那我就买下来经营试试看吧。"这位年轻人有点惊讶地问:"您真的要买吗?您都没有实地去看过。"松下说:"但是我有一个条件,因为我们公司也在开发,特别需要人才,如果你愿意进我们公司来经营这个工厂的话,那我就将这个工厂买下来,怎么样?"没想到,松下刚一说完,马上就被年轻人给否决了,他说:"松下先生,这个我不能答应您,因为我是社长,不能辞掉现在的工作。"松下疑惑地问,"你不是职员吗?怎么是社长呢?"年轻人笑笑说:"我的身份是职员没错,可是我却是抱着是社长的态度去做事的,是社长就不能轻易地辞职到别的公司去。"听完之后,松下觉得这个人真的很伟大,觉得一定也要将自己的员工培养成这样的人,以主人翁的心态去做事,这样一来员工自然就更愿意留在企业里。同时,他也觉得,不能去干挖墙脚的事,员工还是需要自己培养。

现在松下公司课长、主任以上的干部,多数都是公司自己培养起来的。为了加强日常教育培训,总公司设有"教育训练中心",下属八个研修所和一个高等职业学校,这八个研修所是:中央社员研修所,主要培训主任、课长、部长等领导干部;制造技术研修所,主要培训技术人员和技术工人;营业研修所,主要培训销售人员和营业管理人员;海外研修所,负责培训松下国外的工作人员和国内的外贸人员;东京、奈良、宇都宫和北大阪四个地区社员研修所分别负责培训公司在该地区的工作人员;松下电器高等职业训练学校负责培训刚招收进来的高中毕业生和青年职工。松下的职工教育是从员工入职开始抓起的。凡新招收的职工,都要先接受8个月的实习培训,才能分配到工作岗位上。

例如,在日本著名的旅游胜地琵琶湖畔,有一个美丽的花园式庭院,这就是松下商学院。松下商学院是为松下集团培养销售经理的一年制商业大学。自1970年创办以来,松下商学院为松下公司培养了3000多名专业人才。商学院的教育方针和教学内容十分有趣,是一个传播和培育新理念、新思想和新方法的平台。它对销售员工的培训从日常生活抓起,在日常生活中灌输企业文化,并用中国传统文化改造学员的价值观、人生观、世界观,从而打造一批"明德"、"亲民"、"至善"的企业销售人才,建立优秀的组织文化。从思想上,以儒家哲学与现代企事业管理为主对学员进行严格教育。从信念上,坚守产业人的本分,以期改善和提高社会生活,为世界文化的发展作出贡献。和亲合作,全员至诚,一致团结,服务社会。从目标上,"明德"——竭尽全力身体力行实践商业道德,"亲民"——至诚无欺保持良好的人际关系,"至善"——为实现尽善尽美的目标而努力。从作风上,寒暄要大声,用语要准确,行动要敏捷,服装要整洁,穿鞋要讲究,扫除要彻底。他的指导思想是坚持组织文化培训的原则,以中国传统文化为主要培养内容,把中国儒家哲学与现代企业管理于一炉,对学员进行严格的教育。松下电器公司之所以长久屹立于世界企业之巅,在于把人的开发看作是头等重要的事情。创建人松下幸之助先生曾说:松下电器公司是培养人才的公司,并且兼做电器生意。"可见松下对教育人才之重视。

松下在管理中总结出自己特有的培训模式,即置培训于日常管理工作当中,把管理当作训练,把工作当作学习,教材就是管理和具体工作本身,课堂就是企业和工作场所。松下善于把日常管理和每件工作当作训练员工的教材,提高员工素质。松下相信,许多看上去似乎渺小的员工每天注意如何在工作中求进步,其成效将胜过公司所有的生产工程师和策划人员。"从平凡人身上得到不平凡的成果"是松下培训的基本原则和目标。

松下在日常管理的培训过程中逐渐形成了自己的特点,一是以日常管理为主,对员工进行在职培训;二是注重员工的自我开发训练,通过员工的自我管理进行自我培训。松下公司把人才培养放在首位,有一套培养人、团结人、使用人的办法,所以在松下体制确立以来,培养了一支企业家、专家队伍。事业部长一级干部中,多数具有较高学历,熟悉资本主义管理,不少人会一门或几门外语,经常出国考察,知识面广,年纪较轻,比较精干,而且雄心勃勃,渴望占领世界市场,有在激烈竞争中获胜的志向,这是松下公司能够实现高效管理的前提。员工培训关系到整个员工队伍的素质。松下公司建立了完善的员工培训体制,使总公司人事部、事业单位、分公司和相关职能部门职责清、责任明,运作协调。松下公司员工培训的工作重点是为公司实现全球化发展,培育人才,储备干部队伍,目标是从实用有效的培育出发,进行多项内容、多种方式的研修,达到向 MBA 教育挑战的目的。事业成败,在于人才培育的成败。表现出色的人也会及时得到重用,松下鼓励管理人员在内部找出有进取精神、有能力、有潜力的人员,使人人都能找到适合他的角色。

松下非常重视员工的培训工作,有自己独特的员工培养制度,为了适应企业的发展,松下公司人事部门还规定了下列辅助办法:

第一,自己申请制度。干部工作一段时间后,可以自己主动向人事部门"申请",要求调动和升迁,经考核合格,也可以提拔使用。

第二,社内招聘制度。在职位有空缺时,人事部门也可以向公司内部招聘适当人选,不一定非在原来单位中论资排辈依次提拔干部。

第三,社内留学制度。技术人员可以自己申请经公司批准,到公司内办的学术或教育训练中心去学习专业知识。公司则根据发展需要,优先批准急需专业的人才去学习。

第四,海外留学制度。定期选派技术人员、管理人员到国外学习,除向欧美各国派遣留学生外,也向中国派遣留学生,北京大学、复旦大学都有松下公司派来的留学生。

本章启示

企业要挑选合适的人才。所谓"合适"的人才,指的是其能力的大小正好与其职能相匹配。松下有个著名的"七十分人才"理论,才智过高,不见得适用于现在的工作岗位,如果个人才学超过职位需求,那员工会觉得这份工作对他来说没有挑战性,也没有发展的前途可言,容易产生厌倦情绪,甚至会觉得这份工作太委屈自己,而想谋求更高的职位,这是对人才的一种浪费,而公司又必须承担起高额的用人成本,对留住人才也是非常不利的。而才能低于这个职位,不能满足工作的需要，无法胜任工作，而产生不了效益，也是不行的。所以松下一直坚持七十分人才的方针，人不可能是百分百完美地适合于所需职位，但七十分的人才，只要人品好，肯苦干，则既可以满足工作的需要，又能被企业后续培养所用。这点我们可以从松下的人才结构上看出来：松下幸之助创办公司之初，招募的都不是学校第一、第二名毕业的高材生，大部分是国小毕业，连初中毕业的都很少，经过十多年的发展后，才开始雇用专科学校的毕业生。而到了后期，则大量采用中等学校、专科学校、大学毕业生及内部优秀的店员。

员工招募进企业之后要为企业所用才是真正的人才，一颗珍珠一直在泥沙中也不能绽放璀璨的光芒。每位员工都有自己的所长和所短，在安排工作的过程中就需要扬长避短，例如北欧联航的卡尔森，因为好出风头，许多董事不喜欢他，但他们还是愿意选他当总经理；德国大众公司的皮埃切，专横跋扈，但这同样无碍于他继续做大众公司的领路人。企业的发展应该注重员工的优点，而不是纠结于他的缺点。人才要放在适合他的岗位上才能为公司所用，杰克·韦尔奇曾经说过，如果一个等级 C 的人，被你选拔到等级 B（更高一级）的岗位上来，那不是一个正确的决定，即使你经过培养，使他能够胜任等级 B 的工作，也不过是错上加错。他应该留在他干得很好的岗位上，提拔他浪费他的时间，也浪费你的时间。你需要做的是选择一个其自身能力处于等级 B 的人，让他直接到位开展工作，当然这并不是说员工的提升不重要，而是说企业需要注意的则是要将正确的人放在正确的岗位上，使员工的才能和岗位相匹配，这样企业才能顺利地发展。

而员工的培训则是一个很重要的方面，现在很多的企业都寄希望于直接招聘有工作经验和有能力的员工，却忽视了内部的培训。有的企业舍得花大价钱买机器，在培训方面却相当吝啬，有的企业里甚至培训预算费用都没有，也没构建合理、系统的培训体系,只是任员工自由发展。这样将造成员工的能力水平停滞不前,难以提高效率,产生厌倦的情绪,甚至离职。一个停滞不前的团队是毫无竞争力可言的。留不住员工,很多资源会流失,这对企业非常不利。

松下先生管理员工的智慧可以给我们以下启示:

第一,适才原则。为公司的岗位选择合适的人才,不能偏高也不能偏低。

第二,任人唯贤。企业内部人员和岗位须匹配,杜绝用人唯亲,尽量少用自己的朋友、亲人作为企业员工。

第三,重视培训。企业应重视员工的培训,不断让员工充电以适应企业的快速发展,更好地为企业服务。

第二章

诚信是经营之本

何为诚信

秦末有个叫季布的人,一向说话算数,信誉非常高,许多人都同他建立了深厚的友谊。当时甚至流传着这样的谚语:"得黄金百斤,不如得季布一诺",这就是"一诺千金"的由来。后来,他得罪了汉高祖刘邦,被悬赏捉拿,他的一个朋友冒着被灭九族的危险来救他,才得以免去牢狱之灾。

由此可以看出,一个人如果诚实有信,将会得到更多的帮助。相反,如果一个人常失信于人,就很难取得别人的信任。企业也是如此,企业的诚信是一种无形资产,它反映了企业的信用、实力和形象,良好的信誉可以给企业带来实际的经济收益。所以作为一名经营者,一定要本着诚信的精神去对待自己的员工、合作伙伴和广大的消费者。

我国著名的企业宝钢,连续 4 年入选美国《财富》杂志公布的世界 500 强名单,这是我国完全竞争性行业及制造业第一次进入世界 500 强。2007 年 10 月,标准普尔最新的企业信用评级复审中,宝钢达到了 A⁻,成为全球达到这一级别的两家钢铁企业之一，2006年被中国企联评为"最佳诚信企业"。取得这些殊荣与宝钢企业的诚信建设不无关系，宝钢提出企业的基本价值观是"诚信"，明确"诚信"是宝钢文化的核心内容。

企业的诚信经营包含的方面很广，不仅要求在企业管理流程中对员工讲诚信，说到做到，也强调员工在对外代表企业形象的时候也要讲诚信，诚信应该视为一个企业的企业文化来建设。在200多年前，富兰克林在《致一位年轻商人的信》中讲到"时间就是金钱"，紧接着又有一句"信用也是金钱"。有的个人甚至企业只看到了前面这句，在经济迅猛发展的时期，抓住机会大赚一笔，然而却忽略了诚信给企业带来的影响。例如美国最大的天然气和能源交易商"安然"公司，曾连续4年被《财富》杂志评为"美国最具创新精神的公司"，2000年《财富》杂志公布的世界500强排名第16位，哈佛商学院视之为旧经济向新经济转型成功的典型范例。后来却因一夜之间破产，"安然"帝国轰然倒塌，被舆论界称为"诚信丑闻"，正是安然企业内部唯利是图的文化，完全背离了社会诚信的要求，导致一个优秀的企业迅速地腐败甚至毁灭。

诚信经营是企业的生存之道，也是企业的长寿之道。试看中外著名的长寿企业，无不本着诚信的态度经营，例如美国通用公司，不仅要求员工诚信，还要求第三方如供应商、代理、销售代表等都承诺遵守通用的政策，再如驰名中外的海尔，亦是如此，对每个细节都不放松，在消费者心中筑起了品质之墙。松下先生更是一直本着诚实的心态在经营，虽然老话说"无商不奸"，但事实上松下先生作为一名卓越的商人，却几乎没有人认为他是奸商，他的人格魅力不仅让他的员工信任他、拥护他，也让他的竞争者、合作者对他佩服和尊敬，而松下品牌也被广大顾客接受和信赖。诚信是一笔无形而又非常重要的财富，是靠平时的一点一滴积累起来的。

案例 1 · 诚信对员工

美国著名心理学家麦格雷戈在《企业的人性面》中首次提出 X 理论和 Y 理论，X 理论是"人本惰"，指的是人的本性是懒惰的，如果不严格管理，员工就会尽量逃避工作，效率也将非常低下；而 Y 理论则是相信员工大多数是乐于工作的，并愿意承担责任，如果能赋予他们更多的责任，他们则会积极响应，劳动效率也会提高。

其实很多企业的员工管理都基于以上两个理论，信奉 X 理论的管理者，一般对员工严加控制，认为程序重于结果，甚至更多地倾向于官僚化，而 Y 理论的管理者，则一般会选择多授权，增加员工的责任，以提高员工的工作兴趣和效率。很显然松下先生是属于 Y 理论的青睐者，因为松下先生一直致力于让员工在松下公司舒心和热情地工作，要做到这一点就必须具备一个良性的工作环境，包括公司的硬件设施、公司体制及对企业的认同感。如果员工对公司不信任，忠诚度很低，是难以热忱地去工作的。松下先生一直都非常信任自己的员工，他从新工人进企业的第一天，就对员工毫无保留地进行技术培训，完全不怕技术泄密之类的事情。因为他认为，如果为了保守商业秘密而对员工进行技术封锁，将导致员工在生产过程中没有过硬的技术，反而会导致更多的不良产品，加大企业的生产成本。给员工以足够的信任，另一方面也增强了员工对企业的信任感和归属感，乐意为企业效劳，增强了企业的凝聚力和竞争力。例如全球零售巨头沃尔玛，每一个经理人员都用上镌有"我们信任我们的员工"字样的纽扣。在该公司，包括最基层的员工，经理都称其为合伙人，正是这种信任感，让员工更愿意提出更好的意见改善企业经营，这也是沃尔玛从一家小公司一举发展成为美国最大的零售连锁集团的秘诀之一。总之，公司给予员工足够的信任，做到公平公开，明确目标，对员工传达一致的信息，让全体员工都了解公司朝哪个方向发展,这样员工才会干劲十足,双方信任的纽带才会维系更久。

信任员工的一个重要表现就是充分授权,让部门主管权责分明,即使是普通员工,也有属于自己的责任和权力。在松下的很多管理著作中都有提到,要充分授权,信任和宽容员工,即使是犯错,也是锻炼和成长的机会。当然授权不相当于放任,在授权的同时,仍然要经常关心过问下属的执行情况,并不仅仅是监督,也是对自身责任的一种重视,因为如果下属的权力是经营者所授的,经营者自身当然也就有这个责任去追踪每件事情的进展,经营者如此,主管亦是如此,对每位员工既要充分授权,又要经常监督和追踪。

这样的思想在松下还在做员工的时候就深有体会。当他还在一家电力公司任职时,一到上班时间,就分秒不差地认真工作。经过一段时间后,他就升为检查员,检查员的工作是前往客户家,检查前一天技工完成的工作,大概一天要查 15 到 20 户,这是一般工人梦寐以求的职位。松下很开心,因为这是他很熟悉的工作,工人又都是原来的老同事和老部下,他们的工作习惯松下都很了解,一看就知道好坏,因此检查员的责任虽重,但和原来当工人的辛苦比起来,简直是天上地下。这份美差也为其他同事所羡慕,松下感到很高兴,尤其是以检查员身份去各家做检查的时候,都会受到相当的礼遇。松下在这么年轻的时候就当上了检查员,工作不再受到别人的监督,反而是去监督别人,而且自由不受约束,只要每天自觉地将自己的工作完成就好了。在后来的回忆中,松下说:"当时高兴的程度,比起最近我被选为全国富豪,排名第一位时的感受,都有过之而无不及。"

这也使松下认识到赋予一个人的权力时,他反而会更加努力地工作,以加倍的成绩回报企业对他的信任。经研究发现,一个企业不信任员工导致生产成本的增加比其他的支出要大得多。因为企业与员工之间不信任,沟通上就会产生障碍,一些重要的问题不能得到及时的解决,甚至没有解决,将造成资源的浪费和管理成本的增加。松下对下属一向是相信和予以肯定的,他认为只有信任员工,员工才能有工作积极性,才能以最大的努力去完成任务,例如中尾以外行的身份设计收音机,结果获得了巨大的成功,而百濑田以资浅身份重建胜利唱片公司同样使一个陷入亏损的企业重振雄风,这都是松下对他们倍加信任的结果。

百濑田 1924 年毕业于东京商科大学,后来一直在住友银行工作,因为松下和住友银行有生意上的来往,在接触过程中,对百濑田颇为欣赏,经过和住友银行的多次协商,1952 年到松下兴产公司担任副总经理。1953 年,松下电器接管了日本胜利唱片公司,由于战争的原因,胜利唱片公司虽然有技术,但是由于经营不善,不仅发不出薪水,还负有 5 亿元的巨额债务,松下接管之后,于 8 月份派出曾任日本海军上将和外务大臣的野村任总经理,百濑田任副总经理,重建日本胜利公司。

虽然百濑田才到松下电器一年,但因为住友银行工作的经验,对财政问题非常敏感,他认为胜利唱片公司要重建,扭亏转盈的关键就是要解决巨额的债务问题。所以他先建立了一个还债计划,计划在 10 年内以公司的正当收入来归还实际债务,他将这个计划跟债权人说了之后,大家都觉得不太现实,一个唱片公司怎么可能在 10 年之内完成 5 亿的债务?

百濑田的第二个计划就是进行生产结构的调整,他和厂里的所有领导和员工进行沟通探讨,经过长时间的努力研究,才决定暂缓原主打产品留声机唱片的生产,开始研究发掘电子机器,尤其是以间响电器为优先生产对象。

做了这些决定之后,百濑田开始大批购置生产音响的设备,调整研究部门的体制,督促研究部门开发新的产品,同时加强行销。在一系列的改革之后,胜利唱片公司渐入正轨。

而在企业文化方面,百濑田提出了一个口号"贡献文化,服务社会,'胜利'标志,天下共仰"！还号召员工以此为精神纲领,要像松下电器一样,以一流的技术能力回报社会。同时厉行节约,日常消耗品能省即省,而在可以赚钱的设备上却毫不吝啬,真正将钱用在了刀刃上。在他的带领下,经过一年多的努力,胜利唱片公司的重建也取得了好成绩。在 1954 年 9 月,企业不再亏损,经营也有所好转,开始恢复了向股东分配红利。1957 年,还清了所有的债务,这让很多人大吃一惊,在 1953 年的时候还有一位金融界人士断定 10 年内还清债务是不太可能的事,但是百濑田却在四年零三个月的时间内达成了目标。

如果松下先生不信任才进入公司一年的百濑田,也许他也不可能到胜利公司任副总经理,如果松下没有充分授权,恐怕也没有他大刀阔斧的改革。恰恰相反,在松下充分信任的授权之下,百濑田创造了一个重建的奇迹。

其实在很多著名的企业里面,正是有着这样信任的氛围才使得企业真正顺利地运转,例如世界电力巨头 AES,该公司全体 4 万名员工都得到了充分的授权。在1981 年刚创立 AES 公司时,公司董事长罗杰·桑特和首席执行官丹尼斯·巴克,就决定要建立一家能真正体现公正、诚信、社会责任以及乐趣这四项基本原则的公司,很少有公司会将诚信列在公司创建的基本原则里,但他们公司确实如此,公司里没有市场部、财务部或者人力资源这一类常见的机构,每一位 AES 员工都像是CEO,每个人都有充分了解自己的职责和权力,而且在 AES 公司几乎没有什么秘密可言,哪怕是未来可能进行的并购、决策细节都会和所有的员工分享。有人担心这样过于公开化,信息可能会被竞争对手利用,但 AES 公司认为这个风险是值得冒的,因为只有这样才能帮助员工作出正确的决策,成为真正的商人。这和松下先生的"玻璃式经营"不谋而合,也正是这种本着诚信经营态度的领导者,才带领他们的企业进入强者之列。

案例 2 · 诚信对待合作者

现在的社会是合作的社会,数学里最简单的计算是 1+1=2,但事实上现在都追求 1+1>2,也就是两个甚至多个企业之间的合作效能是可以大于两者相加的实力。而且现代分工日益细化,比如一架飞机,大到机翼,小到一颗螺丝钉,都是由世界不同国家不同企业生产的,最后再进行组装,一架飞机才算制造成功,这充分说明了企业合作已成为必然趋势。而企业合作的基本就是诚信,一个没有诚信的企业是没有合作伙伴的。因为通常在选择合作伙伴的时候,首先要考虑这家企业是否诚信,产品规格是否符合契约中的要求、付款是否及时迅速等都是考核一个企业的标准。在我国改革开放期间,绚烂的外部经济涌入,使很多企业失去了理智,诚信的流失让很多企业最终倒闭,一个失去了信用的企业是没有竞争力的。

松下在大阪的总经销商是山本商店,之所以选择山本做总经销商,是由于非常重视山本的信誉:山本商店的老板山本武信,本来以化妆品的批发兼出口为主业,在大阪有信用,生意也做得大,比松下工厂大得多。这位山本先生看了电池灯一眼,认为这个东西好,就跟松下订了契约,使松下内心非常敬佩。山本先生跟松下一样,10 岁就做学徒,虽然没什么文化,但是在实际的生意中磨炼出了他自信又敏捷的性格,还掌握了很多的生意窍门。山本还非常重情重义,他独立之后,旧东家没落,他就抚养旧东家的儿子成人,而且还非常有眼光,立志要做海外贸易,也经常出洋旅游,将日本的商品向国外拓展。最让松下佩服的是,欧洲战争时期的出口让山本赚了不少钱,但是战争结束后,出口停止,库存积得太多,钱又回不来,只能破产,将所有的产品都交给银行处理,连太太的戒指和金项链都拿出来了。银行被山本先生的诚意感动,主动给山本提供了许多援助,帮助他渡过了这段困难期。经过这一次考验，山本反而增加了一层信用。

松下刚认识山本的时候还是个小字辈，听到他的事迹之后觉得他非常伟大，扪心自问，也许自己是做不到的，也正是因为此事，他决定要向山本先生学习，并誓做一个诚实守信的人。在后来的经营过程中，不管是对供应商还是经销商，松下都是本着非常诚恳的态度。因为合作源于诚信，在与山本及其他经销商的长期合作过程中，松下也是本着诚信的态度去进行的。在经历一次次的降价恶性竞争中，松下一直坚持正价销售，不参与价格战，而当公司的成本降下来的时候，就主动给经销商降价，所以松下电器经销商都认为松下先生是一个非常讲诚信的人，和他做生意不会吃亏，自然都非常愿意和他合作。

松下在他的著作《工作·生活·梦》中是这样评价山本给他带来的教益的："能认识山本先生那样的人，无论从哪个方面来看，都使我受益匪浅。我今天之所以能幸运地立足商场，当时的教训是一根主要的支柱。如果那个时候没有结识山本先生，我作为生意人的觉醒，可能会晚很多，虽然有时候，他使人感觉到非常任性、固执，但无论如何，在我经营事业的成长年代，能和他这样的人来往，使我在经营方针上获得了很大的胆量。"刚起步的松下还只是一个成就较小的商人，是山本武信促使松下成为一名真正的商人，成为一名享誉世界的大商人。

松下先生在和经销商打交道的过程中非常重视经销商本身的信用度，他认为如果经销商选得不好，将有可能毁坏公司形象。有一次，美国一家连锁店的副董事长来到大阪，他们想采购松下电器的产品，这个公司的人做事非常严谨，虽然是来采购产品的，但仍然请松下给 30 分钟让他们介绍公司，松下答应了。在这 30 分钟里，他们放了介绍公司的幻灯片，这是一家非常优秀的公司，他们拥有的连锁店遍及全美，共计 1700 多家商店，并以每年 15～20 家的数目在增加，而且幻灯片上的店铺都非常豪华和气派，设计也非常现代化，产品陈列更是井然有序，100 多张幻灯片的公司介绍,从店铺创始人到总公司、分店,再到以后的发展方向,给人的感觉像是在推销产品,而不是来采购的。他们的这种认真严谨的态度,让松下非常感动,特别让松下感兴趣的是他们公司也有七条基本精神,和松下公司的七条精神竟不谋而合,松下将自己的七条精神告诉对方后,他们惊喜地发现,双方都不把采购对象和经销对象叫做供应商或者经销商,而是叫做"协助商",在这样的情形和共鸣下,他们达成了合作协议。松下对那位副董事长说,"我司和贵司能够顺利地完成交易,我非常高兴,因为基于这个交易,我认为松下电器从今天起,在美国全国新开张了 1700 家商店,刚才你让我看的那些了不起的店铺,老实说,我认为今后这些店铺全部都是属于我的,而且那里又有董事长和其他优秀的干部及训练有素的几万名从业人员。我认为那些人士,全部都是我的从业人员,我就可以放心出货给贵司了。"

副董事长还是第一次听到这样的话,他想了想说:"我生意已经做很久了,但跟我说这样话的人,你是第一个,仔细想了想,你说的确实很有道理,今后,请你把我们公司,全部当做你的吧,我非常赞成你的看法。"

听上去似乎有点奇怪,但松下这种看法其实是很可贵的,很多企业都将经销商视为是为自己卖东西的,在销售上出了问题就认为是经销商的错,但是松下这种认为经销商的店铺也是自己的,自己也有责任的合作态度,也是因为信任对方,将对方视为是自己企业的人,有什么问题可以共同解决,诚实守信、互利互助才是企业合作的源泉。

松下先生也非常重视公司的信用度,在选择金融机构方面非常谨慎。1926 年底,西野田分行有个叫伊藤的职员第一次来劝松下先生与其住友银行建立业务关系。但松下先生是坚持"一行主义"的,一直都是与全国五大银行之一的"十五间银行"合作,所以也没有采纳伊藤的建议,但这位伊藤先生非常热情和执著,先后十几次前来游说,松下最后同意了,但也提出了一个附加条件,即业务往来之前要先签订 2 万元的随时贷款合同。住友银行以前并没有过先贷后存的先例,伊藤向分行行长作了汇报,后来经过住友银行总行的同意后,破例同松下开始了以 2 万元贷款为前提的业务往来。1927 年日本发生了金融危机,十五家银行宣布停止兑现,松下的钱全部无法提取。当时松下在"十五家银行"贴现达七八万元,定期存款也有 3.5 万余元,松下立即想到与住友银行的合同,谨慎试探之后,住友银行给松下提供了援助,使松下电器顺利渡过了难关,这让松下非常非常感动。在后来的生意中,松下仍然坚持一行主义,与住友银行保持着长期良好的关系。这个先贷后存的破例是松下先生诚恳谈判得来的,因为他认为做交易首先要有信用,住友银行这样的大银行,不先签订贷款合同很难表明诚意,而住友银行也是根据松下先生及公司的谨慎资信调查才作出这样的决定。

1928 年,松下决定要建一个营业所和一个大工厂,总共大约需要 20 万元,但公司里只有 5 万元,还有 15 万元怎么办呢,即使将所有的库存抛售了也没有这么多钱,只有去向银行贷款。于是他去找了住友银行西野田分行经理,将计划和贷款需要告诉他,分行经理竹田氏认为松下电器近两年的发展越来越好,20 万元的投资想必能赚回不少,但是如果要贷 15 万元,这个金额很大,虽然他很信任松下做生意的作风,但还是需要去和银行商量一下。两三天后竹田氏告诉松下,如果贷 15 万元完全没有抵押恐怕是有困难的,需要有 20 万元以上的抵押品,所以需要将这一次要买的土地和建筑物做抵押。松下一听这几乎是信用贷款,如果用不动产去登记,会影响到现在发展中工厂的信用,还是避免的好。于是和银行商量,两年内还清贷款是没有问题的,但是可以将土地的所有权证和将来盖好建筑物的所有权状交给银行保管,以避免影响到工厂的信誉。两三天后,住友银行同意了松下先生 15 万元的无抵押贷款。

虽然说这是松下运用资金的一个有效方式，但是也可以看出，松下先生对公司的信用度看得无比重要。同样，银行也是因为松下的这种信用度，相信他的诚信，才能贷款给他。

案例3·诚信对待顾客

客户是企业的重要资源，可以说是一个企业的"衣食父母"。一个没有客户的企业是无法运作的。如何对待客户，松下对他的下属讲过这么一个例子：在日本的江户时代，有一位才貌出众的艺妓，人称"高尾大夫"。她属于最上等的艺妓，所应酬的客人都只限于诸侯或富商巨贾，是贫民阶层高不可攀的一朵花。有一天，一位名唤老久的年轻染坊工匠看到高尾大夫的美丽容姿，惊得目瞪口呆，一动也不动。他的同伴敲敲他的肩膀说："老兄，你在发什么呆？你爱上高尾大夫了？"并带着嘲笑的口吻说："既然爱上了，不妨去找她呀。她虽然有地位，但毕竟是个妓女，只要有钱，任何人都可以跟她做上一夜夫妻呀！"同伴这么一说，老久才回过神来，认真地问："那大约需要多少钱？"同伴回答说："老久，这可不是一个小数目，我看，15 两黄金总要吧。"在当时，15 两黄金对于一位染坊工匠而言，需要勒紧腰带，拼命工作 3 年才能勉强攒足。3 年省吃俭用的储蓄，只为换来一夜风流，这听起来简直有些荒唐，但老久却暗自下定决心。3 年之后，老久终于如愿以偿与高尾大夫相会。临别时高尾大夫说："请再光临。"老久竟然回答："我得再等 3 年才能再来一次。"高尾大夫很是奇怪，再三追问后，老久才说出实情。高尾大夫听后，被他的诚实、纯真彻底感动，说："我在这里的年限一满，就嫁给你。为了表示我会守约，我将储蓄的 30 两黄金，交给你代我保管到那时。"后来，顺利满工的高尾大夫果真和老久结婚，夫妻二人同心协力，创立了全江户第一的染坊。

松下讲这个故事是想说只有对顾客精诚,才能获取顾客的信任。松下有句名言:"卖商品要像嫁女儿一样。"他认为所有的商品都包含了松下电器员工的辛苦劳动,就像养育女儿一样,商品也要像女儿一样养得漂亮,顾客才会喜欢。卖出商品一定要像嫁女儿一样,这是件严肃的事情,要好好对待每一位顾客,要时常保持联系,要关心售后服务的情况,关心产品使用是否有问题。松下电器里有条不成文的规定,那就是要经常走访买了松下电器产品的顾客,了解他们的使用情况,如果是出了问题,需要上门维修的话,甚至会要求他们说:"真对不起,给您添麻烦了。我们一定尽快修好。"如果是电视机一类的,则先送一台备用品去,并说:"您先用这台,以免耽误您欣赏节目。您的电视机,我们很快就修好送来。"修好了以后,还要问:"您还有什么需要帮忙的吗? 如果有,我们顺便给您修好。"临走时则要说:"这是我们的地址和电话,如果您有什么需要帮忙,请拨电话。要是想买其他的东西,我们给您送来。"正是这样细致入微的售后服务,奠定了松下电器的产品在消费者心中的地位。

松下经常要求员工对产品要缠到底。"商品到了厨房就缠到厨房,到了客厅就缠到客厅,到了外国就缠到外国,绝不放松。对于产品的使用情况如何,有没有缺点,有没有毛病,一定要关心到底"。就像是嫁出去的女儿一样,要时常关心是否有问题。有一次,派到美国去了解顾客意见的员工,得到了一个重要消息:美国顾客喜欢每盒放映时间4～6小时的录像带,就是这个消息给松下电器带来了一个完美的契机,决定采用 VHS 型号,这个决定使松下电器公司的录像机事业比索尼公司领先了 15 年。

松下一向视顾客至上,对于顾客的要求从来都不能说"不"或者"不行"之类的否定词,很多顾客都喜欢讨价还价,松下电器执行的是不二价的规定,一般客户到了松下加盟店里看到明码标价的产品也能产生一种信赖的心理。如果有的顾客认为松下的产品比别的厂家要贵,松下也不会对他说"我们就是这个价格,只有这个价格我们才有利润",而是对客户说"我们会去调查这个情况,如果确实如此,请给我们3个月的时间,我们尽量做到"。这种无形中让顾客产生信任的情况还有很多,也正是这种服务态度,打造了松下金光闪闪的招牌。

日本著名的企业家吉田忠雄在回顾自己的创业成功经验时说过,"为人处世首先要讲求诚实,以诚待人才会赢得别人的信任,离开这一点,一切都成了无根之花,无本之木"。在他创业的初期,他曾经做过一家小电器商行的推销员。开始他做得并不顺利,很长时间业务并没有什么起色,但他并没有灰心,而是坚持做下去。有一次,他推销出去了一种剃须刀,半个月内与二十几位顾客做成了生意,但是后来突然发现,他所推销的剃须刀比别家店里的同类型产品价格高,这使他深感不安。经过深思熟虑,他决定向这二十几位客户说明情况,并主动要求向各位客户退还价款上的差额。他的这种以诚待人的做法深深感动了客户,他们不但没收价款差额,反而主动要求向吉田忠雄订货,并在原有的基础上增添了许多新品种。这使吉田忠雄的业务数额急剧上升,吉田忠雄很快得到了公司的奖励,这为他以后自己创办公司打下了良好的基础。

以诚信对待客户才能获得客户的信任,但是有的企业抱着侥幸的心理,以一时欺骗或不正当的手法蒙蔽消费者,同样也落得身败名裂。

享誉七十年的月饼老字号南京冠生园食品厂,2001年中秋节前,被媒体曝光将陈馅翻炒后制成月饼出售的事件,一时间南京冠生园月饼无人问津,很快被商家撤下柜台,许多商场甚至向消费者承诺:已经售出的冠生园月饼无条件退货。南京冠生园的其他产品如元宵、糕点等很快受到"株连",没人敢要。南京冠生园从此一蹶不振,于2002年向法院提出了破产申请。多年经营才得以树立的招牌一夕间被拆,是件多么可惜的事情!同样的,还有领先中国奶粉市场15年之久的三鹿奶粉,却因"三聚氰胺"而轰然倒闭了,所以企业在经营自己品牌、树立公司形象的时候,一定不要因为一时之利而对消费者做出不诚信的事,否则终将被市场抛弃。

品牌失落是一瞬间的事,但要重新建立却是非常困难的一件事。20 世纪 80 年代温州皮鞋又叫"一鞋"、"晨昏鞋",说的是温州皮鞋质量很差,穿一天就坏了,这种假冒伪劣的产品引起全国消费者的公愤,以至于很多商场贴出"本店无温州鞋"的安民告示。1987 年 8 月 8 日在杭州武林广场,5000 多双温州劣质皮鞋被市民扔进熊熊大火。这把火烧醒了温州人的诚信意识。15 年后,温州人用诚信重新拾起了温州皮鞋失落的尊严,在"中国十大鞋王"中,温州皮鞋有三大品牌名列其中。2002 年温州人又将 8 月 8 日这个曾经让温州人蒙羞的日子确定为"诚信日"。

本章启示

在本章中,我们可以看到松下先生对公司员工、合作伙伴和顾客始终是本着诚信的态度去经营,这也是他事业成功的秘诀之一。

企业的首要构成因素就是员工,员工到企业里一般是为了赚钱养家糊口或者过更有品质的生活,还有一个目的就是为了提升自己的能力。如果一个企业能满足员工的这两个期望,则可以让员工踏实努力地工作。很多企业在招聘之初也会允诺给员工这样或者那样的待遇,但是如果企业出尔反尔,会造成企业在员工心里毫无信任可言,当然也不会竭尽全力地为企业创造价值,甚至会出现消极怠工或者人才流失的情况。如果公司对员工有诚信,员工认为可以信赖公司,有依托于公司的安全感,员工自然会努力为公司创造价值,这样可以提高企业的凝聚力,提升企业的竞争力。公司有了对员工的诚信,员工愿为企业或公司创造价值,这是因为员工知道如果工作不努力产生失误的话,会给公司带来不良的影响,最终也会给自己带来损失,这样的公司企业和员工都处在一种平等互利的信任上,有良好的公司形象,客户对这类公司自然也就有好印象,形成良性循环。

作为一个经营者,和合作者之间的信任非常重要,在这个市场全球化,分工非常明确的时代,一个企业不可能从生产、销售到消费全部由自己来完成,肯定要有很多的供应商、外协商、金融合作者、经销商,等等,怎样和他们保持良好的关系呢?那就是诚信!现代把良好的关系网称为人脉,这是一笔无形的巨大财富,其重要性有以下几点:

其一,现代企业间的商业诈骗屡见不鲜,在坚持和有诚信的企业合作的同时,也一定要保持自身的信用,完全保证合同的履行。例如如期交货、如期收发货款,这是比较简单的保持诚信的方法,但是如果能一直做到,则可以积累起良好的商誉。

其二,企业和金融机构之间是合作和服务的关系,双方真诚合作可以实现整体效益最大化,但是,现在的一些企业缺乏诚用,如逃避银行债务,造成银行出现不良资产,这也将导致银行对企业的服务项目减少,门槛提高。企业在发展扩大过程中,很多时候会向银行贷款,如果能保持良好的信誉,获得银行的信任,易于拿到贷款,这将使企业的发展更为平稳顺利。

商品要流通才能实现价值,产品卖出去了,才能产生效益。客户是企业最宝贵的资源,企业的竞争就是客户的竞争,要争取更多长期稳定的客户。坚持诚信的原则,并且做到始终如一,建立起顾客的信任一般需要很长的时间和企业以及销售员很大的努力。但是对客户的一次不诚信就足以破坏诚信关系,因此企业一定要坚持一贯的诚信作风,提高客户的忠诚度,尽最大努力让忠诚的客户带来更多的新客户资源,不可因为偶尔的不诚信,失去一个忠诚客户及潜在的客户。俗话说"好事不出门,坏事传千里",企业辛辛苦苦靠广告宣传以及长期实践积累下来的良好信誉千万不可因为一点的不诚信而功亏一篑,所以企业在各个环节,包括生产、销售、服务等方面都要保证对客户的诚信。

及时解决客户的问题,如松下先生所说,要珍惜每次客户的投诉,客户只有在对商品不满意的情况下才会投诉,企业应该珍惜这样的机会,找出商品的不足之处并加以改进,这样不仅可以让客户对企业的商品满意,也对企业的服务满意,为企业建立良好的口碑;另一方面,企业也能因此而改进商品,以避免下次出现同类的问题,提高产品的质量,提升企业的竞争力,达到企业与顾客的双赢。

以客户为导向,建立起企业与顾客之间的信任。有的企业在营销渠道中以不诚实的方式来获利,比如夸大商品的实际作用及价值,掩盖产品具有的缺陷或瑕疵。这实际上是一种机会主义。这种机会主义可能发生在取得客户的信任之前,也可能发生在取得客户信任之后,但不管是在事前还是事后,都将对顾客对于企业的信任产生极为不利的影响。所以每个企业都应关注并避免这个问题的发生,要尽最大的努力去巩固顾客的信任和提高客户的忠诚度。

第二部分
下狠力完善企业制度

企业就如同社会土壤孕育的一颗种子,它需要根据外部环境不断地寻找成长所需的水源、阳光、空气和空间等这些内部环境来实现自我的茁壮成长。企业的生存发展首先离不开当时整个时代的社会大环境,政治、经济、军事等相关因素都会影响着企业的发展方向。一个世界品牌就必须站在整个世界格局的高度考虑企业的发展战略。如果说,外部环境是一种大的格局,是不为企业经营者的意志所能左右的。那么,企业的内部环境是相对独立的,经营者可以适时作出调整形成自身特色。当今时代的企业越来越重视内部管理的规范化和系统化,把建立和健全科学、严密、系统的内部管理制度作为管理层的第一要务。制度作为全体员工遵循的行为准则,规定企业的人事、财务、销售方面的政策,从而形成了相应的人事制度、财务制度、销售制度等。一般把企业制度划分为六个方面的内容:第一个是企业契约制度,第二个是企业的产权制度,第三个是企业的治理结构,第四个是企业的组织结构,第五个是企业的管理制度,第六个是企业的人格化制度。

松下从一个小作坊发展到具有世界品牌的大企业,很重要的一点就是,不断完善和发展企业制度,使之成为促进企业腾飞的助推器。这些颇具自身特点的企业制度为松下员工提供了有效的工作模式,培养了员工们良好的工作习惯和思维习惯,以及发现问题和解决问题的能力。松下在发展过程中形成了颇具特色的企业制度,归纳为两类:一是贡献社会的经营理念、松下精神、玻璃式经营哲学、水坝式经营理念等软体制度;二是著称于世的事业部制度、终身雇佣制度、分公司制度的硬体组织制度,这两类制度齐头并发,辅助松下攻克一个又一个难关,成就了松下"日不落"的神话。

第四章

软体制度蓄能量

至柔非柔

松下颇具特点的软体制度有贡献社会的经营理念、松下七大精神和玻璃式经营哲学。这些隐藏于企业实体内部的软体制度是企业的经营灵魂。它是不可观的，却似一股强大的风，足以让浩瀚的大海汹涌澎湃。它在松下的实践中，逐步成为全体员工所认同、遵守的带有本企业特色的价值观念、经营准则、经营作风、企业精神、道德规范和发展目标。它类似于我们所说的企业文化，是由其价值观、信念、仪式、符号、处事方式等组成的特殊制度。松下软体制度是松下个性意识及内涵的总称，能通过企业组织行为体现。具体指企业全体员工在企业运行过程中所培育形成的、与企业组织行为相关联的、并在事实上成为全体员工主流意识而被共同遵守的最高目标、价值体系、基本信念及企业组织行为规范的总和。

每一个企业都可以问一问自己：我们除了追求利润之外，还有没有其他追求？如果有，这种追求是什么？这种追求的重要性和强烈程度如何？对于这种追求上下是否有共识？这种追求是如何表达和传播的？

不能说没有软体制度的企业一定不能成功，但这样的企业不可能是一个伟大而长久的企业，正如一个没有精神的民族不可能是一个伟大而长久的民族。

我们看到"海尔"的冰箱做到了世界第一，"海尔"打出"海尔，中国造"的响亮口号，为改变"中国制造等于低值廉价品"的形象而努力。我们看到张瑞敏在世界讲堂上代表中国企业发出声音，我们看到柳传志成为美国《财富》杂志的封面人物，我们看到李东生正在精心搭建其世界级企业的架构。虽然我们企业的历史很短，但是有了精神力量我们就有理由相信，中国一定会有世界级的大企业产生。

案例 1·宗教开启的灵光

经营理念，是管理者追求企业绩效的根据，是职工、竞争者的价值观，也是企业追求的经营目标和经营信念。事实证明，一套明确的、始终如一的、精确的经营理念，可以发挥极大的效能。1870 年，西门子创立了德意志银行，首先明确了自己的经营理念：通过创业融资促成产业落后的分裂的德国统一。在此种理念的指导下，不到 20 年，德意志银行就发展成为欧洲独占鳌头的最有影响的金融机构。后来还历经多种艰难险阻，如两次世界大战、希特勒的破坏，但德意志银行坚持自己的理念得以攻克险阻，至今仍然屹立于全球各地。

一套经营理念一般包括三个部分：一是对组织环境的基本认识，包括对社会及其结构、市场、顾客及科技情况的预见；二是对组织特殊使命的基本认识；三是对完成组织使命的核心竞争力的基本认识。经营理念是经过日积月累的思考而形成的，并且需要坚持不懈的精神去努力实践。

有效的企业经营理念的基本要求：一是企业对大环境、使命与核心竞争力的基本认识要正确，绝不能与现实脱节。脱离实际的理念是没有生命力的。二是要让全体员工理解经营理念。在经营理念确立初期，企业经营者和员工都比较重视，能够很好地去理解并利用它来指导自身的行为。等到事业发展了，员工们会逐渐淡忘它。三是经营理念必须经常在接受检验中修改、丰富。经营理念不是永不变更的。事物在永恒地运动着，变化发展着。企业经营理念也不例外。

松下在发展的前期阶段也慢慢摸索出了自己独特的经营理念，主要是在宗教精神的感召下领悟到的。松下理念可以为自身事业的发展提供方向性的指导作用。其理念具体来说就是，把自己的生产活动当作一种和宗教一样神圣的事业，为消除贫穷、为劳苦大众奋斗不息，生产出无限量的像自来水一样丰富而有价值的产品，推动社会不断地向着物质丰裕的方向发展。松下正是怀着如此的胸襟和气度，始终秉持着服务社会大众的理念，认为它才是企业葆有长久生命力的秘诀。

1932年年底，犬养内阁成立。黄金输出禁令公布，财经界人士个个面露喜色。由于政友会内阁的积极政策，不景气的情况已略有好转。松下因为看到内阁改组，业界因而有一线曙光，便下定决心，这一年更要努力经营。就在此时，经销商U氏很正经地对松下说："松下先生，说实在话，我自从几年前开始，样样不顺利，不幸的事情连续发生，使我很头痛。我的某位朋友一直劝我信仰宗教，经常带我去听教理。起初，我实在不怎么感兴趣，半推半就地去听了一两回，慢慢地产生感谢之念，才知道我以前对事情的看法，完全是错误的。以前什么都不顺利，是应该的。而现在的我，对任何事情，都心怀感激。以前令我暴怒的事，现在想起来都觉得可笑。心胸突然变得开朗，不安的心情也已消失得无影无踪，每天都能快乐地工作。后来，去参拜的次数愈来愈多，对自己能够信仰宗教感到非常愉快。店里的生意也愈来愈顺利。这才使我领悟到，人生是很有意义的。之后我继续信仰，同时参加了教义的讲习。"

"我一心一意，想把我的快乐分享给别人。松下先生，你现在很幸福，你是企业界的成功者，看到你的经营作风，看到你的制品，感到你是我的知己。私底下，对你的人格非常敬仰。你这样的年纪，就有这样的成功，未来你的锦绣前程，是无可限量的。我觉得像你这样的人，能够对企业界真正地贡献自己的心力，必能有更大的发展才对。所以与你并不熟悉的我，才冒昧地跑来拜访你。"

"像你这样的人，若能走上信仰之路，以宗教的信念去推进你的事业，一定会如虎添翼，获得更高层次的成功。也许你现在并没有任何令你困惑的事，我们能够互相认识，也算是有缘。更何况我能当你的经销商，与你才能更进一层地认识，不是'缘上加缘'吗？因此我来劝你信仰宗教，把我的快乐分享给你，请你好好考虑，最好和我一同去参拜一次。好吗？"

他的表情是那么平静、恳切、热情，说的话又那么虔诚，使松下觉得信仰一定是件很好的事，同时也替他高兴。可是，松下并没有立刻产生想要信仰的念头，也不想去参拜。只不过认为宗教不错而已。于是，松下回答他说："你的亲切劝说，我很感激。不过我不能立刻接受这种信仰。如果将来有缘的话，再听听你的开导。"U氏仍然非常热切地说了很多话才回去。自从发生此事之后，松下才开始对U氏所讲的话、他的态度，还有他的幸福感，等等，兴起关心的念头。

10天之后，U氏再来看松下，这次比上次更热心，他举出很多具体的例证，邀松下参加信仰。松下只是对他的好意表示感谢之意。这样的事情，连续了三四次，他的热心，着实令松下感动。可是，不幸的是，松下仍然没有产生信仰之心。于是松下告诉他："U先生，你好多次热心开导我，我非常感激。你现在有了信仰，并且过着心存感念的生活，是一件十分可喜的事。不过，坦白说，我虽然知道你的话是金玉良言，但迟钝的我偏偏无法产生信仰的念头。也许将来时机到了，有机会再听你的开导。请你再等候吧！"U氏说："很有道理。信仰是不能勉强的，我愿意等待时机的到来。可是光是等待，机会是永远不会来临的。你必须实地接触，才会有所发现，才能生出信仰之芽，所以请你委屈一次，跟我去参拜吧。"

他一再地、很有耐心地劝松下，使松下很难推辞，加上松下自己早就想去看看寺庙的壮丽，终于回答他说："我去参拜一次吧。"他听了很高兴，说："那么，愈早愈好，让我当你的向导，带你仔细参观。"

那是1933年3月的上旬，当天早上7点，从大阪出发去参拜，8点到达某教本部。U氏从第一步开始，很亲切地对松下讲解和说明。松下在这次参拜以前，也到过西本愿寺、东本愿寺，还有其他大大小小的寺庙。无论松下到哪里去参拜都没有产生很深切的关心。但是那一天，也许因为松下仔细地听了U氏的话，再加上这个本部建筑宏伟，是别的寺院所不能比拟的。松下很好奇地东看看、西看看，跟着U氏走，然后到第一主殿参拜。主殿的规模盛大，用材精美，雕刻细腻，尤其是场地清洁，连一点灰尘都没有。看到这种壮观景致，松下的头都会不由得低下去。其他的信徒在神殿步行，都是恭恭敬敬的。松下也感染了这种气氛，恭恭敬敬地礼拜。转头对U氏说：

"真是伟大！"

U氏听了很得意地说："你也感到很伟大了吧！"

"是啊。"松下赞不绝口。

走出主殿，到正在建筑中的教主殿参观。正在大兴土木的教主殿，大部分工程已经完成了。参与建筑的工人，都是自愿服务的信徒，而且为数众多。他们满身大汗，默默地将一砖一瓦砌起。这和其他建筑工程的工地气氛完全不一样。U氏对松下说："每天有这么多的人来义务服务，工程进行得相当迅速。这两边的建筑，都是大家出钱出力盖起来的。教主殿的工程，由于登记愿意来义务帮忙的信徒太多，以致无法让每一位志愿信徒都加入,为此,这里的和尚感到很为难。"松下听了更感惊异。随后到山腰参拜。走了一段相当远的路,沿途有各种不同的设施,参拜的信徒也相当多。墓地打扫得一尘不染,铺上一大片白色的小砂粒。信徒们都坐在小砂粒上,非常感激似地磕头跪拜。其中也有人五体投地趴着好久不动弹。松下看到这种种景象,又吓了一跳,不由得也跟着跪拜。松下和 U 氏边看边离开,走到一般墓地去。这里有无数墓碑,挤得满满的,却很整齐。其中有很多是这个宗教团体的干部,也有大教主的墓碑。今日此地的盛况,都应该归功于默默沉睡在地下的无名英雄。

绕了一圈下来,已是正午时刻。从 8 点开始,巡拜主殿、教主殿和墓地,一共花了 4 个钟头。一路上听 U 氏的说明,松下又请教了一些不了解的问题,悠闲自在地慢慢巡拜,可见此教本部的规模之宏大。午餐后,继续游览此庙的附属中学、专科学校和图书馆。图书馆昨日刚落成,是一座钢筋水泥的堂皇现代建筑,内部的装潢和设备都是一流的,不亚于东京、大阪等大都市的建筑水准,这些都使松下赞叹不已。之后,去参观信徒学校,这也是规模很大的建筑物。当时入校的信徒超过了5000 名,授业其间半年一期,一年两期毕业生。人数多时,一期毕业生即达 7000人。等于一年至少送出 1 万毕业生,这样的盛况是一般人所无法想象的。松下以前虽然多少也听人家说过,但是半信半疑,无法置信。如今亲眼目睹,感到十分意外。信徒的热诚再次感动了松下。

U 氏最后表示要带松下到制材所参观,松下不禁反问他:"制材所是什么地方?""制材所就是制造木材的地方。现在正在建设中的教主殿以及其他本部所属的教会建筑所需要的木材,都是这里直接供应的。"U 氏继续向松下说明,制材所有很完备的机械设备,每天都有大约 100 个义务工人,把全国各地的信徒所捐献的木材,制造成柱子、天井、栋梁……松下听了感到很奇怪,无论如何,寺院有自己经营制材所的必要吗？每天有 100 个人来从事制材的工作，真有那么多的用途吗？松下不能相信，便问 U 氏："教主殿盖好了之后，制材所不是就没有用处了吗？"U 氏面露得意之色回答说："松下先生，你不用担心，正在建设的房子盖好了以后，接着盖下一个，每年都有建筑物要盖。我们必须扩大，绝对没有缩小之理。"他很有把握地断言说。松下听了非常钦佩。

终于到达了制材所。

正如 U 氏所说，广大的场地上有好几栋厂房。放置木材的地方，原木堆积如山。一走进厂房，就听到马达和机械锯子锯断木材的声音。在轰隆轰隆的杂音里，见很多工人流着汗，兢兢业业地从事于制材工作。那种态度，有一种独特、严肃的味道，和一般木材制造厂的气氛截然不同。听说这些人大部分也是义务工作者。无论如何，松下觉得木材制造公司也少有如此规模庞大的场面。

看了制材所后，强烈的感动和感激之情袭上了松下的心头。果然，宗教的力量是伟大的。像这么大的建设事业，依靠义务服务的信徒来进行，而且，所需要的木材，全部都是捐赠的，真使松下感慨万千。参观制材所完毕，恰好是下午 5 点。U 氏讲了很多关于今日所见之事，然后说："松下先生，你大概明白了宗教是多么能够影响人心了吧。现在各地方都有可耻的劳资纠纷，一再反复发生。一般事业界的人事问题、思想问题，都使得人心惶惶。在如此的时代，要使精神有所寄托，然后再发展事业，而宗教教育是非常有力量的。这对指导员工的思想，也很有效果。常常闹劳资纠纷的某工厂经营者，自从信仰宗教以后，劳资纠纷便减少了很多。劳资关系也因而改善，现在事业很顺利地发展着。像这样的工厂也有好多例子。松下先生，你的工厂指导方针正确，所以并没有任何问题。但是将来工厂扩大，员工也会随之增加，人一多，自然就容易产生问题。松下先生，你现在的事业如日中天，所以，你从来没有担心过。但未雨绸缪，最好请松下先生今日就皈依宗教，事业会更顺利地发展。"他非常热心地开导松下，松下虽然感动于他的诚意，但并不想马上就成为信徒。在心里把今天所参观的设施、规模和制度以及所看到的信徒态度，这种种的一切，拿来和自己的事业比较，松下脑海中显现的，就如走马灯一般。U氏表示，他想在宗教本部过夜。松下便和他道别，独自搭乘火车回家。

上了火车，幸亏有座位，松下走到窗户边坐下，闭目沉思，思绪里萦绕着的是某宗教的种种情形。今天所看到的盛况真是壮观。那种有条不紊地经营(说经营也许用词不恰当。可是，松下认为它的作风和做法，可以算是一种经营)，实在是很了不起。那么多人快快乐乐地工作着，并且十分地认真、用心。不但自己快乐，也要别人一同快乐，实在是令人敬佩。松下慢慢地想把这种使人乐意尽全力工作的经营方式，转移到自己所经营的事业上。回到家之后，思绪仍然不断。到了三更半夜，松下还是继续想着。松下将两者相比较，某宗教的事业重点在于开导有烦恼的人，令他们心安，这是一种神圣的事业。而企业的事业是：生产人们生活上的必需品，所以这也是神圣的事业。企业生产是"无中生有"，消除贫穷、创造财富，毕竟是很现实的。俗语说：穷病最苦。消除贫穷，可以说是最有意义的工作。为此而吃苦耐劳，生产再生产，便是我们的事业。人类的生活，必须是物质和精神并重，两者缺一不可。就像车轮一样，左右轮子缺哪一边都不行。

企业的事业，正如某宗教的事业，都是神圣的事业，并且也都是人类不可缺少的事业。松下想到这里，脑海中便产生了一股灵感："我们的经营、我们的事业，可以把它经营到比某种宗教更为神圣、更为旺盛的境地。我们的事业绝对不能关闭或是缩小。若是关闭、缩小，那一定是因为事业经营不得当。经营不得当的原因是：有私心、脱离正轨、光为赚钱、因循苟且。我们一定要避免这些不正当的经营方式。"

那么，到底什么才是真正神圣的经营法呢？

那就是：自来水。加工过的自来水是有价值的，今天偷取这有价值的物品，不会遭受到处罚，这是人人都知道的常识。尽管自来水是有价值的东西，但是如果有一个乞丐打开水笼头，痛痛快快地畅饮一番，大概不会有人去处罚他。这是什么道理呢？因为自来水资源很丰富，只要它的量大，偷取少许，可以被原谅。这个事实告诉我们：生产者的使命，就是要把生活物质变成如自来水一般的无限丰富。无论多么贵重的东西，只要把量增多，价格便会低到几乎等于是免费。做到这样的地步，贫穷才可以消除，因贫穷而产生的烦恼，也会消失得无影无踪。生活的苦闷，更会减少到零。以物质作为中心的乐园，再加上宗教的力量，获得精神的寄托，人生就可以无忧无虑，逍遥自在了。就是这一点！真正的经营法，是由当日的参观获得的启示。松下认为自己以前的经营完全依照商业习惯，一直都没有发现有什么不对。从今以后要照真正的使命去经营。松下电器经营的光明大道，便是如上所述地走向消除贫穷之路。得到了这个结论以后，松下突然感到雄心万丈。

松下把这个想法付诸实行。1932年5月5日，松下召集了松下电器的全体员工，向他们说明了电器的真正使命。

上述松下受宗教精神启发要服务于社会的事例告诉我们，企业一定要明确自己的经营理念。任何企业活动都要有一个根本性的原则，一切管理都需要围绕它进行。这个根本性的原则其实就是这里所说的经营理念。它是企业管理的根本指导思想，也是员工行为的指南针。若是缺乏明确的经营理念，到了一定时期，企业经营就容易迷失方向，从而导致最终的失败！一个致力于长足发展的企业，必定在建立初期便会努力地思考和摸索自身的经营理念，用它来指导经营行为从而向着目标迈进！

实际上，松下贡献社会的经营理念在当今时代具有重要的现实意义。松下幸之助曾经直言不讳地说，"赚钱是企业的使命，商人的目的就是赢利"，但他同时又表明，"担负起贡献社会的责任是经营事业的第一要件"，因此他把企业当作宗教事业来经营。这种看起来是自相矛盾的经营理想，在松下的人生体验、经营实践中，却是高度统一在一起的。如果作一个简单的解释就是：正因为把自己的企业、事业纳入到整个社会的体系中，才需要一再地强调赚钱和赢利，这才是对社会的真正贡献；相反，不赚钱甚至亏损，必将导致社会的亏损。因此，合理地盈利才能保证企业的发展和社会的进步。同时，社会的发展，更需要企业的贡献精神，需要企业树立服务、贡献社会的信念，并把它付诸行动。

案例 2 · 朝会制度焕发生机

我们从小就听过一个这样的故事：有几个兄弟常常吵架。有一天，父亲把兄弟几个叫到跟前，拿出一把筷子，说："你们兄弟几个谁能把这把筷子折断？"几兄弟都来尝试，费尽了力，谁也没能折断。父亲将这把筷子拆散，给几个兄弟每人分了一根，叫他们再折。兄弟几个不费吹灰之力就折断了。

下面还有一个与之道理相通的例子。

林肯是美国历史上最伟大的总统之一。当他赢得大选成为美国总统之后，出人意料地，他将三位曾经的竞争对手都揽归到自己的旗下。在林肯之前，美国所有总统都喜欢招揽支持者入阁，即便到今天，林肯这一做法仍旧是一个例外。对此，林肯解释为："这三个对手是我们这个国家中最有能力的三个人，我没权力剥夺他们为国效力的机会。"在林肯政府中，他的三个竞争对手最后都担任要职。威廉担任美国国务卿，萨尔蒙成为美国的财政部长，爱德华则担任美国司法部长。

仔细想想，这两个事件其实说明的是，个体的力量是弱小的，紧密团结的集体才是强大的。团结是铁，合作是钢；众志成城，便无往不胜。

法国著名的管理学家亨利·法约尔,管理过程学派的创始人,在《工业管理与一般管理》一书中对管理原则有着极为精辟的论述。他认为,管理人员应该遵守的十四条基本原则包括:劳动分工、权利与责任、纪律、统一指挥、统一领导、个人利益服从集体利益、人员的报酬、集中、等级链、秩序、公平、人员稳定、首创精神、团结精神。其中,"团结精神"是管理人员应该遵守的十四条原则之一。法约尔还说过:事业愈发挥,问题愈多,这时就需要一种凝聚人心和行为的软因素,其内核就是团结精神。

团结精神是一种集体主义精神,是个人利益服从集体利益的精神,它是一种凝聚力和向心力,是处于困境中依然勇往直前的动力。集体由若干单个的人组成,团结精神可以让个体通过最佳的排列组合,最佳的整体配合,从而使得集体力量大于部分之和的裂变效应。现代企业作为由单个的人组合而成的集体,也越来越注重成员之间的协调团结、步伐一致的团队精神,这种团队精神利用好了,便能够生发出无穷的力量。大多企业家都懂得:领导者的管理思想和决策,最终是在部下员工那里体现的。一个有生命力的企业,大多具备了一种团结精神。

有些管理者在选择员工上也遵循着"团结精神"这个原则,在学历高、有才华但比较自我和有团结意识、有可塑性但学历不高这两类求职者间作出挑选时,往往会选择后者。因为从小就缺乏团结合作意识的员工,日后很难融入这个企业当中。即便他学识再高、业务技能再精湛,但缺乏团队精神会给企业管理带来很多困难,久而久之将会影响企业的长远发展。

其实,无论是"丰田"、"松下"这样的老牌大型企业,还是一些小规模企业的经营,都在倡导一种团结精神,并取得了显著的成效。

松下从创立之初发展到今天,期间饱经坎坷和风霜,有时候甚至陷入绝境之中。1929—1930 年是全世界经济最不景气的时候,日本也不例外,报纸每天都有报道各工厂缩小或关闭的消息,还有员工减薪及解雇,产生了很多劳资纠纷。松下电器也和其他产品一样,销售额剧减,仓库里已经堆满了积压的产品,正面临着倒闭的危机。此时正在病床上的松下作出与其他决策者截然不同的决定:员工一个也不许解雇。工厂勤务时间减为半天,但员工的薪资照全额给付,不减薪。不过,员工们得全力销售库存品。松下这种做法,使得全公司员工上下一致齐心协力,携起手来共渡难关。奇迹出现了,大环境中的不景气非但没有影响和限制到松下,反而让松下异军突起,在困境中蓬勃发展,创立第五、第六工厂。这就是团结的力量。

除了团结精神,松下其实还有其他一些能够给企业带来巨大生产力的指导思想,例如产业报国、顺应同化等。松下在培育这些精神方面,有自己独到的方式。在创业前期,就运用朝会、夕会方式,召集员工一起唱社歌,朗读"七大精神"等,其所能达到的效果是使得松下精神和要义深入到员工的骨髓里再也不忘,保证企业航向再也不会偏离目标,也团结了员工,鼓舞了士气。每日5分钟的朝会所能产出的效能远远大于利用它进行生产所创造的产品价值。所以,企业家首先要在思想上重视,其次,可以在方式方法上借鉴松下软体制度的实施经验,然后琢磨出真正适合自己产业发展的软体制度。

松下公司全体上下和睦相处、团结奋进、统一步伐,具有高度的合作精神和浓厚的和谐氛围,这跟松下每日必做的功课——朝会是分不开的。所谓朝会和夕会,就是在每天上班的开始5分钟和下班前的最后5分钟,各单位的全体员工要在一起,宣誓和总结。具体来说,朝会的时候,要唱社歌,还要朗诵松下电器的"七大精神"。值日者在会上发言抒发感想和说明注意事项,员工也可以轮流发言。夕会的情况则较为简单在此不作说明。

朝会的缘起,要追溯到松下幸之助创业有成、建新厂于大开街时期。当时,每日开启新的一天的工作时,松下都要训诲员工几句。松下在创业纪念日发表了企业的新使命后，工人的士气得到了明显的提高。为了不断增强工人干劲，天天提醒员工注意，松下又想出了一些互相勉励的金科玉律。在 1933 年 7 月 27 日，把员工应遵守的纪律，书面通告所有的人。现在将此通告介绍如下，这五个信条，是松下全体员工必须日日奉行的原则：

一是生产报国的精神。我们从事生产事业的人，一定要以"生产"作为第一个目标。

二是光明正大的精神。做人如果不光明正大，无论他的学识、才能多么高，都不会被人尊重。

三是亲爱精诚的精神。如果只有优秀的个人，却不能团结，就如同一盘散沙，毫无用处。

四是奋斗向上的精神。奋斗到底才是我们达成任务唯一的原动力。没有这个精神，就没有真正的和平与进步。

五是遵守礼节的精神。如果做人没有礼貌，社会秩序便要混乱。有了进退合宜的礼仪，人与人之间才能和谐相处。

松下发表了五大信条之后，无论是干部或见习员工，每天朝会的时候，全体都要朗诵一遍。一直到今日，朗诵的仪式，未曾一日间断。全体员工天天朗诵"松下员工守则"，到底有没有效果？可能无法证实。可是今天的松下电器，被各界认为具有独特的风格，员工们认真工作，士气如虹，相信是受了"松下员工守则"的影响。松下认为尚有遥远的道路要走，每一天都是重要的。希望全体员工能有恒心，有毅力，绝不松懈，一步一步向前迈进。这五大精神，到了 1937 年 8 月 10 日，再增加"顺应同化的精神"和"感恩图报的精神"两项，而成为今日的"七大精神"。同时把"遵守礼节的精神"，修改成"礼让的精神"。"顺应同化"的精神，是一种大诚的表现，更是一颗包容万物、忠诚服务的心。所谓"相信神"的宗教，就是"顺应神、与神同化"的精神,可以"消除私心、完成大我"。其次,"感恩图报"是最高的道德表现。这种精神意念强的人,就会增加自己存在的价值。松下认为释迦牟尼、耶稣基督之所以令人尊敬,是因为他们比别人更具有感恩图报的精神。他们觉得,能够出生在世上,是一件很快乐、很令人感念的事。我们虽然赶不上释迦牟尼、耶稣基督,但是看看从古至今对社会人类有所贡献的人,都是存有感谢报恩念头者。所以如果拥有感谢报恩之心,会带来无限的光明和温馨,也是我们进步和幸福的源泉。年轻人若有此观念,则一定会有前途。因此,松下对松下电器的全体员工特别强调这一项"感恩图报的精神"。

朝会上朗诵"七大精神"的制度确定了下来,以后再没有变更。除非休假日,否则朝会必定是每天的必修课。但有一点需要强调的是,无论是朝会还是夕会所花费的5分钟时间占用的完全是上班时间,有人认为这种做法无疑是在浪费时间,直接影响到生产,降低生产效率。因此,对于这种制度,许多人都不以为然,甚至有些大学毕业生听说松下电器的这种规矩便避而不来。许多新到松下的员工,参加起来也是心不甘、情不愿。但是松下并没有因此而撤销这种制度,而是坚定不移地沿用下来。松下内心的强大再一次显露出来,他并不会因为众人的非议而怀疑和否定自己的做法。

松下排万难坚持这种制度,这其中是蕴含着科学精神的。其一,朝会和夕会其实就是反复陈说重要事情和及时解决新问题的一种机制。其精神和内涵,与我国先秦时期儒家思想代表人物荀子所说的"君子博学而日参省乎己,则知明而行无过矣"是不谋而合的。其二,朝会和夕会不仅有助于明确上下班界限,整顿精神,也能传递信息、交流感想,使上下团结一致、同心同德。其三,这一制度是松下在对人和人性深刻洞察的基础上提出的。松下幸之助指出,重要的事情即使反复说许多遍,听的人也会马上忘记。哪怕印象很深刻,可是大概过了两三天,仍会忘得一干二净。但说过话的那个人，却以为对方时刻牢记着他的话。等到对方不记得时，他便会认为对方是个莫名其妙的人。怎么办呢？最首要的办法就是反复地说。重要的事情，希望对方记住的事情，要反复说、反复讲，说到、讲到纵使不想记也会记住的地步。

松下的"七大精神"中的"第六精神"首先要求的是在企业内部的顺应和同化。新员工加入一个新的团队，其实就是进入了一个新的关系网，包括与领导、上司的关系，与其他员工的关系，与旧规矩、老传统的关系，个性与团队性的关系，个人与整个企业的关系。应该教导自己的员工在企业内采取何种态度呢？松下指出，"顺应"是要员工顺从、遵守企业既定的方针、规划、传统、品格，并逐渐取得一致，融为一体，达到"同化"。这样，企业才能成为一个水乳交融的整体，才能有强有力的战斗力。这种观点，也是基于对人的认识。他认为个人的才智不论怎样卓越，也只不过是暗地里的手提灯，照亮的范围有限；他的主张难免狭猛和偏执。如果固执己见，必然会对公司的业务产生这样那样的影响，自己也会遭受失败。怎样让员工顺应同化呢？松下讲了两点：一是培养一种能够透视事物背后的潮流和事物间关系的眼光，并从中获得发展。有了正确的眼光，和公司的方针、计划统一起来，自然也就不会有冲突的问题了。二是沟通，即对下的了解和对上的请示。松下特别强调了得到上司信赖时的请示。他说："越是受到上司信赖的时候，越是应该拿自己的判断去请示上司。不可自视过高，谦虚和谨慎的修养都是很重要的。彼此既然都在参与经营，便应该有批判和接受批判的精神。这样，我们才能享受顺应同化的喜悦。"如果说，小生产对团队精神的要求还不那么要紧的话，集团化大生产就不是这样了。在服从和顺应的基础上，才能谋求企业更大的发展。

案例3·玻璃式经营哲学

企业经营过程中,必然会涉及技术、财务等敏感课题。那么,大多数企业家是不太可能公之于众让你的员工了然于心,采取的往往是秘而不宣的态度。而松下不仅在创业初期向员工公开了技术,后来他不断地公开了各项状况,包括财务、经营方针、经营目标、经营实况等。中年的松下把他这种公开透明化的做法概括为"玻璃式经营",后人已经把它上升为一种哲学的高度。松下认为,这种"玻璃式经营"方式,其实不单单是技术等的问题,可以借此培养员工相互之间的信任感、主人翁精神,还有独立意识。

在创业初期,松下等人曾经苦苦摸索合成材料的配方,受尽了磨难,后来是得到一位昔日同事的帮助才圆满解决的。自己招收员工生产时,他却把这种自己费尽苦心得来的,在别家公司视同"最高机密"的配方、技术等,通通告诉给工人。一位同业得知此事,警告松下说:"松下君,你把这样机密的事情教给才进来一天的人,等于把秘密公开了。这等于是自己给自己制造同业的竞争,将来会受害的。你要多多考虑才是!"松下不以为然:"我认为不必那样担心。告诉他们这是机密,不能向外泄露,就不至于出现你说的那种事情了。"因为松下觉得:如果当作最高机密,自己就需要在制作流程中花去许多精力,从经营的角度讲并不合算,因而不如把这些都讲给每一个工人,由此可以更经济、更灵活有效地使用人力。松下公开机密,不仅仅是如何看待技术情报的问题,而是把技术和用人、育人联系了起来,借此培养员工之间的信赖感。后来的结果证明这种不同寻常的做法是不错的选择。由于彼此之间的信任,松下的这种公开性用人方针不仅没有泄露机密,相反团结了人、活用了人,使他在用人这方面比别的企业顺利得多。

早期创业时期不仅公开产品制作的技术,而且在工厂还只有五六个人的时候,他每月都和公司的会计作公开的结算,把结算的结果向大家公布。这种方法激发了员工的进取热情。大家听到这种结果,都兴奋地认为,这月如此,下月应该更加努力。由于这种经营方法的成功,松下在设立分公司的时候也仍然采取这种方式,让分公司、事业部也公开企业的情况。

不仅如此,松下还进行了财务公开。财务公开,是现代股份公司不言而喻的事情。松下在经营小型私人公司的时候,就全面公开财务,清晰明白地告诉大家赚了多少,多少留作个人所用,多少作为工厂的资本储存起来。松下电器成为股份公司以后,更是每年公开结算,不仅对内公开,而且对社会大众也公开。一切都让全体员工知晓和共同承当。中年的松下,曾经对这种方针加以总结,命名为"玻璃式经营法",它被视为松下电器公司的三大主要经营法则之一(其余两个是水坝式和适应性经营法则)。

"玻璃式"公开结营法则更重要的内容,是经营目标和经营实况的公开。关于经营目标,除了每年每月的以外,松下还公布过一个长达250年的远景规划。在1933年松下电器公司的创业纪念日讲话中,松下幸之助详述了实现自己经营理念的设想,讲话概要如下:"从今天起往后算250年,作为达成使命的期间。把250年分成10个阶段。再把第一个25年分成三期,第一期的10年,当作建设时代。第二期的10年,当作活动时代。第三期的5年,当作是贡献时代。以上三期,第一阶段的25年,就是在座的各位所要活动的时间。第二阶段以后,有我们的下一代,用同样的方法重复实践。第三阶段,也同样有我们的下一代,用同样的方法重复实践。依此类推,直到第10个阶段。换句话说,250年以后,要把这个世界变成一个物质丰富的乐土。"当时,员工听了松下的演讲,纷纷上台发言,群情振奋,志气高昂。可见,这种公开目标是可以唤起员工的责任感和工作热情的。

经营实况公开的要点，则是既报喜又报忧，绝不把经营实况掩盖起来。经营实况好的时候，把喜讯带给员工，和大家一起分享成功的喜悦；经营状况不理想的时候，把问题摆出来，依靠集体的力量共渡难关。

本章启示

松下基于对人、对人生的认识，认为一个真正的企业家不仅在于他是赚钱的好手，更在于他是一个真正的人、伟大的人。松下贡献社会的经营理念，是在宗教精神的感召下形成的，更为实质的是基于对人和人生的认识。松下认为，人幼时需要父母的抚养、社会的培育，所以应有所回报；企业也应如此。这就是松下经营理想最简明的逻辑。松下认为，"一个小公司，其存在虽不能裨益社会，但至少不能危害社会，这是它被允许存在的最基本理由。如果公司成长了，拥有数百名或数千名员工，把不危害社会作为存在的唯一理由就不够了。它不但不能危害社会，还应该在某些方面受到社会的喜爱和欢迎，这才是基本的经营方针。公司规模大到有员工几万人，它的举手投足都可能对社会造成很大的影响，相应地，就应该对国家社会有很大的贡献，经营方针也自然应与此适应"。一个人，自私自利，不断从他人身上谋取个人利益，最终会使自身陷入困境无以在社会立足。同理，只为自私，不作任何回报的公司，也是无法在社会中生存的。

松下贡献社会的经营理念是企业经营者的伟大胸襟和高瞻远瞩眼光的体现，对于坚持要求员工朗读松下电器的七大精神的做法，松下先生解释说："当然是为了提醒员工们在工作时应有什么态度，同时也是为了鞭策我自己而规定的。为了达成松下电器公司的使命，决不能松懈，更不可忘记。如果放任自由的话，便会逐渐淡忘。所以要有此规定，于每天开始工作时，讲给自己听，使自己心里有所警觉。"七大精神是松下经营的灵魂和内核，反复诵读使得松下上上下下所有成员众志成城，护送松下这艘大船行驶得更快、更稳、更远。

对于"玻璃式"经营法则的意义和作用，松下曾经写道："为了使员工能抱着开朗的心情和愉悦的工作态度，我认为采取开放式的经营确实比较理想。"企业的经营者应该采取民主作风，不应该让部下存有依赖上司和盲目服从的心理。每个人都应该以自主的精神，在负责的前提下独立工作。所以，企业家更有义务让公司职员了解经营方面的所有实况。当一个现代的经营者做到"宁可让每个人都知道，不可让任何人心存依赖"的时候，势必会在同仁之间激起一股蓬勃的朝气，推动企业业务的发展。公开透明的做法其实质是经营者和员工紧密团结的绝好机会，是培养员工独立精神和主人翁精神的高招。

第五章

健全硬体组织制度

至刚无刚

中国古代有这么一件事：在我国春秋时期，楚国的令尹孙叔敖在苟陂县一带修建了一条南北走向的水渠。这条水渠又宽又长，足以用来灌溉沿渠的万顷农田，真是恩泽万民，给当地百姓带来福祉！可是不妙的是，天旱的时候，沿堤的农民就在渠水退去的堤岸边种植庄稼，有的甚至还把农作物种到了堤中央。等到雨水一多，渠水上涨，这些农民为了保住庄稼，便偷偷地在堤坝上挖开口子放水。这样的情况越来越严重，一条辛辛苦苦挖成的水渠，被弄得遍体鳞伤，沿途一带因决口经常发生水灾，本是利民的水利变成损民的水害了。

面对上述情形，历代苟陂县的行政官员都没有解决之法。每当渠水暴涨祸患时，官员便调动人马去修筑堤坝，填补漏洞。可仍然治标不治本，无法从根本上解决问题。后来宋代李若谷出任知县时，也碰到了这一头疼问题，他便贴出告示说，"今后凡是水渠决口，不再调动军队修堤，只抽调沿渠的民众，让他们自己把决口的堤坝修好。"命令下达以后，偷着扒开决口的行为就不再出现了。

就这样的一个故事，其背后的寓意却值得企业管理者深思熟虑。人都是有弱点的，上述事例中人们身上的弱点是贪图个人一己私立而不惜损害他人和集体的利益！面对这种状况，应当采取有效管理措施去制止，正是最后一个官员想出了高明的决策解决了前人看来非常棘手的问题！经济学家张五常有一句名言："你要放一个妖艳的女子在我的卧室，又要我对她没有非分之想是不可能的；要我对她没有非分之想的最好办法就是，让她离开我的卧室。"由此可见，对于一个企业来说，建立起有效的组织制度很重要，有时候它能起到人所不能起到的作用。

企业其实是一个多层面的因素组成的复杂综合体，要充分挖掘综合体里每个成员的智慧和潜能，高质高效完成生产和销售任务，这就需要建立起全体员工共同遵守的规范和制度。积极有效的硬体组织制度除了可以保证生产和销售的正常秩序、调动员工积极性外，还有助于形成一流的企业文化，成为一种优良传统继承下去！既然我们已经知道，组织制度对企业至关重要，企业经营者需要花心思去选择好的适合自身企业的组织制度！

松下电器自创业之初到现在，其硬体组织制度随着社会环境的变化和自身的需求，一直处于不断发展完善乃至变革中，比如它的销售制度、事业部制度、终身雇佣制度等！松下的很多组织制度其实在当时，可以说是具有首创精神的，松下是最早试用这些制度的先驱，也是最早得利的受益者！

案例 1·多项销售制度并用

制造商生产出了品质优良的产品，目的是为了拉动消费，赢得顾客的青睐和信赖让他们来购买。那么，制造商生产的产品应当通过有效的途径让产品抵达消费者手中。在打开产品销售市场，开拓巨大的市场前景方面，非得下苦功钻研不可，需要搞好与经销商、代理商之间的关系，才能使得销售这根链条顺利和高速地运转。

第一，设计代理店销售制度。松下制造出电池灯这一具有巨大市场前景的产品后，通过努力使得电池灯在大阪的销售已经上了轨道。但在日本其他地区都还没有去开发，那么，东京和其他城市也按照大阪的直接销售模式去做的话，那肯定是不行的。如果想在外埠推行这种方法，不论人手还是资金方面，都有困难。由松下工厂直销是下策，松下幸之助决定征求各城市的代理店，由代理店去包办。为了征求全国各地代理店，松下刊登了报纸广告。第一个来应征的人是吉田幸太郎君。松下向吉田君详细说明大阪的推销经过和成绩。吉田君一听就了解了，看看电池灯说："一定可以畅销。我愿意负责奈良县和名古屋的代理权。"他立刻交出了200日元的保证金。最初，拼命说服批发商也行不通，6个月之后却可以向代理店收保证金，这么一比较让松下觉得，做生意是很有趣的工作。吉田君有自己的独家路线，当天他把样品拿到名古屋去，立刻把名古屋的代理店工作交给了认识的人，而收取了权利金数百元。松下被他那样敏捷的买卖手腕吓了一跳。向吉田君买代理权的人，也是一个很有趣的人，他不是电器行，也不是脚踏车店，完全是外行人，可是很会说话，所以在名古屋推销做得很成功，赚了不少钱。后来电池灯的代理店愈来愈多，必须制造出大量的产品才能保证供给。为了减少销售事务的繁杂，松下开始减少批发商的数目。就在这个时候，松下和大阪的山本商店谈妥，把大阪府下的总经销工作，一手交给了山本商店包办。松下把大阪府下的总经销，交给了山本氏以后，事业也更加顺利了。

电池灯的销售事业蒸蒸日上，电池灯的月产量多的时候达到1万个，可以算是很成功了。实施代理店制度后出现这个大畅销的情况下，竟发生了一个意外的大难题。

本来各地代理店都划定销售区域的。可是一手包办大阪府的山本商店，却随着销售量的增加，也把商品卖给了大阪市内的批发商。通过这些批发商，商品流入地方代理店的区域。这么一来，地方的代理店就要讲话了，因为从别处进来的商品，会侵害他们的利益。地方代理店来找松下，叫松下不要让别处的商品流入他们的区域。

松下只好去找大阪的山本商店交涉："地方代理店有这般的苦衷，我想这要求是合理的，所以请贵店控制好，不要让商品流出去。"山本先生却说："我是大阪府唯一的总经销，我没有卖给其他地方，所以没有违反契约。""这个我知道。可是，如果你们卖给向地方销售的批发店，自然商品就会流入地方代理店的区域，同时会侵害到他们的收益，所以请帮帮忙，多多考虑地方代理店的立场。"

山本先生却回答说："那可不行。卖给市内批发店，当然会流入地方，这是早就知道的事情，有什么好说的呢？你也真奇怪。可见你根本不知道全国买卖的实际情况。你要站得稳啊！对那些通过批发店流入地方的商品，地方代理店有优异的竞争条件，所以显然多少流入了一些，并不会严重影响地方代理店。因此，像这种埋怨，你应该有把握地向他说明。我们可不愿意为了这些事去听你抱怨啊！"山本先生的话也有道理。实在是公说公有理，婆说婆有理。到底怎么办才好呢？

最后，松下写信给山本商店说："您说的虽然有理，可是也请考虑地方代理店的立场，尽量避免侵害他们的权益，在销售时请多多留意。"对地方代理店，松下回信说："我已经请山本商店自我约束，可是多少仍然会流入地方，这一点恐怕是避免不了的。那些通过批发店流入的商品，在价格方面不是你们的对手，请在销售上设法加强为要。"可是日子一久，随着商品的销售增加，有些地方代理店要解除契约。有的甚至说，要停止付货款，等等，可见地方代理店的不满已经达到了顶点。事到如今,非好好处理不可。好不容易销售量增加了,如果处理不得当,恐怕会搞得一团糟,其关键在于大阪代理店和地方代理店之间的协调是否能够圆满解决。问题是现在双方都情绪激动,要协调恐怕不容易,松下站在制造厂的立场,认为有义务进行协调,这个问题不解决,生意也做不下去了。

山本商店的作风一向很强硬,恐怕不会答应地方代理店的要求。可是问题不解决,代理店是不会安静下来的。事情到了这个地步,松下必须站在中间人的立场,把双方都请来直接商量,松下希望以诚心要求双方达成协议,圆满解决。于是在大阪的梅田静观楼,举行了第一次代理店协商会议。

一大早就开会,各说各话,松下也努力协调,到了最后,山本先生说:"我以大阪代理店的立场表明。我们不能中止批发销售。通过批发商,商品多少会流入各位的销售区域,那是不得已的。"地方代理店却建议:"大阪是集散都市,发售给批发商,会侵害到各代理店的权益,所以,最好是中止通过批发商的销售方法,改为直接批给零售店的方法。希望大阪代理店能够改变销售方式。"双方都不肯让步。

松下再三强调,双方各持己见,就会变成意气用事,请山本氏控制好批发商。另外,地方代理店也不要为了流入一些商品而斤斤计较。大家要做生意,应该"和气生财"啊!

可是山本氏的最后提案却是:"如果要叫我改变经营方针的话,我就解除代理店契约。松下电器如果愿意出 2 万元做违约金,我们愿意退出。如果不愿意,就把全国的销售权都卖给我。这么一来,地方代理店就会变成我的大主顾,我会尊重你们的立场,我能使大家圆满解决。这样一来,地方代理店的业务可以继续,松下电器也可以专心制造,山本商店以总经销的立场,尽最大的努力去开展业务。这个办法,不是一石三鸟的好办法吗?"

地方代理店里面也有人赞成这个办法。松下对山本的提案大吃一惊,这个提案完全是意料之外的事。可是,松下越想越觉得:"山本这个人实在是了不起!"内心里一方面感到佩服,一方面也感到愤慨。这是重大问题,我松下决定回去再三考虑,便说:"今天的会议不欢而散的话,是很遗憾的。我以制造厂的立场,一定会想出一个妥善办法,请各位欢笑着散会吧。暂时请照旧经营,维持现状。谢谢各位。"第一次协商会议,就在没有决议的情形下不了了之。

会议结束之后,松下冷静地思考这个问题。把销售权卖给山本氏,松下电器就变成专门的制造工厂,要不然就得拿出2万元做赔偿,这是山本的意思,到底有没有必要交出这笔钱,还有研究的余地。给山本钱叫山本退出,2万元那么大金额,当然做不到。可是,好不容易组成的各地代理店,月产达到了1万个,把全国销售权出卖给山本氏,甘心做他们的制造厂,也是让人无法忍受的。事到如今,不如彻底信赖山本氏的商业信念,把一切都委托给他,也许比较好。松下还有电器制造的本行工作,脚踏车电池灯是副业,松下愈来愈偏向于这样的想法。终于下决心,只要有适当的方法与条件,松下愿意把销售权卖给山本氏。

松下已经下决心,可是其他代理店也各有立场,不一定都愿意答应。就算大家都同意,如果以后不顺利,也是很对不起大家的。山本氏既然敢负全责,一定有他自己的方针。如果是按照松下的方针做就好了,不过恐怕他的作风稍有不同。想到了这些,松下又不敢草率提出来谈了,只告诉山本氏,如果双方的意见一致,可以进行讨论,然后注意情势的发展。

虽然山本氏与代理店之间的纠纷依旧,可是销售还是顺利进行。到了4月,代理店问题终于到了非解决不可的地步。情况进入与山本氏认真交涉的阶段,跟山本氏交涉,松下觉得是一件很吃力的工作。山本氏自己的一套主张都是清清楚楚的。

山本先生说:"既然要让我包办,就通通由我做主。你要干涉的话,我就不能彻底做好。"于是松下说:"让你包办可以。可是,完全无视制造厂而任意做,我们有为难的地方。尤其要尊重过去的代理店的立场。"

如此这般的再三交涉,最后松下说道:"山本先生,我一向佩服你的主张。提案和做生意的强硬作风我也欣赏。我决定把全国的销售权卖给你。但是,你也知道,目前的产量是月产 1 万个,把 1 万个销售出去,你有把握吗? 你能保证吗?"

"你担心是当然的,不过,松下君,我认为做生意,我比你还稍微强一点呢。要是没有把握的话,敢提出那样的主张吗? 我已经有一整套的销售计划,请你放心交给我吧。我要花很多的广告费,日常经费也不少,一个月不销 1 万个以上我也不划算的。因此,销售量的问题,你绝对不用操心。但是,销售方法,请你一切都交给我办。"松下就这样做了最后的决定。

当时的条件是,契约期为 3 年,要点如下:一是电池灯的商标权、新案权,以 3.2 万元的价格,山本向松下买下来;二是电池灯的制造权由松下保有,松下负责制造与供应;三是松下每月制造 1 万个以上,山本要负责销售;四是对待地方代理店,原则上要沿袭松下的方针。大体上以这四条为原则。终于功德圆满。1925 年 5 月 18 日,双方到法院去完成了公证手续。

这个契约的第一项,以 3.2 万元买下商标的意思是:如果山本氏销售成绩不好(也就是销售量减少),平均每一个商品的权利金就会提高;如果销售量增加的话,权利金就会降低。从第一项的 3.2 万元权利金即可看出,山本氏是一个很慷慨的人。松下对他这种大手笔作风,感到很敬佩。交涉完成,松下松了一口气,山本氏也很高兴。

第二,充分运用分期付款的服务。1951 年 9 月,随着民营电台扩播的开始,收音机需求量大增。本来,这是一种卖方市场的情形,一般厂商都会大为宽慰,不会太多担心销售的问题。松下却不是一般厂商的思路,而是想着在旺销的时候再浇一把油,使之形成燎原之势。

为了使产品更加普及,松下决定建立新的分期付款销售网。这一年 10 月,松下与全国各地代理店共同出资,设立"国际牌收音机分期付款销售公司"。这个公司是由各代理店和松下共同出资成立的,它是全国各地代理店的枢纽。从短期目标来看,各代理店只是分批次获得商品的利润,对于松下来说似乎也更不利,要比之前付出更多的材料和资金。但从长远来看,松下却赢得了更大的销售市场。松下调动了消费者的购买积极性,还把可能流失的消费者吸引到自己这边来,甚至稳住了顾客未来好几月的消费金额。

松下的收音机产品销售迅速成长,新的销售范围逐渐扩大,终于成为收音机以外的综合性分期付款销售公司,松下电器的市场地位更加巩固。

从更大的方面来考虑,分期付款制度更大的收益在大宗的耐用家用电器方面,对其意义尤为重大。因为收音机尚且属于小型商品,其价格比起其他电器还不算高,而价格高、使用寿命长的电器,一般消费者往往要积蓄一段时间才能购买得起,分期付款制度就更能充分发挥其优越性了。从大的方面来说,分期付款销售制度的意义,绝不仅仅在于收音机。

松下在 20 世纪 50 年代建立起自己的分期付款销售网络,对日后的"三大神器"销售的促进作用,功不可没。

第三,"正价"销售和联盟店制度。基于共存共荣的理念,1934 年 7 月,松下电器开始实施"不二价贩卖运动",11 月实施"联盟店"制度。虽然松下从创业以来,一直努力大量生产,降低价格,使商品普遍化,而且基于"不适当的高价格,或过低的利润都不是做生意的正道"来确定适当的批发价、零售价,以确保代理商和贩卖店的合理利润。但是所定出的价格政策,却没有人遵守。1932 年开始,价格的竞争愈厉害,贩卖店要求"不二价"的呼声愈高,加上代理店认为"松下的发展是可喜的,但是我们的利益愈来愈少。"于是我们决定实施不打折的"正价"贩卖运动。所谓"正价",就是"合理价格"的意思,是为了要和"定价"有所区别而采用的词。正价贩卖运动首先在收音机、干电池销售上实施。推动运动之初,松下在致所有贩卖店的谢函中,说出如下信念:"正价运动,可以使消费者安心购买,并确保各位的利润,我深信这是达成共存共荣,提升社会生活的大道。"为了顺利推动正价运动,同时安定代理商的经营,接着又进行"联盟店制度"。本来代理商给予贩卖店的利润是没有一定的,因为各代理店经营愈来愈恶化,联盟制度正是针对这个弊病而设,主要内容是每半年由松下公司按营业额给贩卖店固定比率的"感谢金"。代理店的负担因此减轻,能够获得适当的利润。除了联盟制度,松下公司也努力降低成本,积极协助贩卖,并以广告活动来支援联盟店的营业活动。"联盟店制度"的实施,密切配合了松下公司、代理店和联盟店。在共存共荣理念的号召下,松下电器和代理店、联盟店的关系,在物质、精神两方面牢牢结合在一起,使松下公司的销售网愈来愈牢固。

另外,松下还成立过销售公司,创办过国际牌销售商品同业协会。松下采用的种种销售制度和策略,对现在的商家来说都可谓稀松平常,但在几十年前,松下是其制度的创立者或者早期使用者。时至今日,有些制度,许多商家算不上很好运用的,比如品牌协会制度。由此可见,松下销售制度还有很大的发展空间和弹性,需要经营者用心琢磨并结合实际作出恰当的选择。

第四,自任营业部长,改革销售体制。自 1961 年后,日本电器界成长逐渐低落,金融紧缩,遂使设备过剩的问题日趋尖锐。松下在 1963 年经营方针座谈会上,谈到企业体质改善的问题,呼吁全体员工将松下电器培育为"世界上一流健康的优良公司"。这一年,电器界的成长降到了 10% 以下,不景气的现象更为严重,松下电器却凭着全体员工的努力,奇迹般地达到 18% 的增长,并创造了突破 2000 亿元的年销售实绩。1964 年后，市况更加恶化。销售公司、代销商，陷入赤字经营的激增到 170 家之多，只剩 20 多家还算生意顺利，略有盈余。松下召集了社长、干部以及全国各地的代理店、经销商，在热海举行一连三天的恳谈会，三年来第一次听到销售最前线的心声。各经销商及代理店异口同声地抱怨经营艰苦，对于松下电器的产品及销售方案，也提出许多意见。有人说松下的产品已经没有特色了，有人诉苦说松下的职员变得很官僚，也有人抱怨他们常常被迫进货。

松下在台上站了整整 13 个小时，倾听各方的怨言，其中有一个人说："我的店从父亲那一代开始，就和松下来往，如今我们虽然认真地做买卖，却不再赚钱了，松下有利可图，我们却没钱赚，这究竟是怎么回事啊？"松下听了这几句话，心里很难过，决定自任营业部长改革销售体制。

松下说："经销商应该是独立自主的经营体，必须主动去努力，才能增加收益。如果一味地依赖松下电器，情况当然得不到改善。然而，经销商和松下电器虽然是不同的经营主体，但却是共存共荣、密切结合的合作对象，经销商不赚钱，就等于松下电器不赚钱，不可以弃大家而不顾。导致这种情况的原因，固然是由于日本经济衰退，但大家多年来经营顺利产生的安逸感，也是一个主因。在责备经销商依赖松下的心理之前，松下电器本身也该立即改革，以解除危机。"

热海恳谈会后，松下在 8 月 1 日宣布亲自代理因病休职的营业总部部长，设法解决问题。

经销商制度是合乎时代要求的正当制度，如能正常经营，一定能确保合理的利益。但如今的缺点是有些地方根本尚未设立经销商，成为销售的死角；已设的经销商，常被营业所强迫买下产品，失去自主的销售意愿。而经济好的时候，营业所分发经销商货品，已成了一种例行公事，各事业部和营业所也缺乏积极开发的意愿，形成经销商被动接受，而不是主动批购的买卖方式。为了摒弃依赖心理，养成独立打开困境的决心,消除赤字经营,就得改革经销商体制。

松下提出新的销售体制,有以下三个要点:第一,普设经销商,消灭死角,充实全国销售网。第二,加强事业部自主责任,为了使经销商主动开展活动,改为"事业部直销制",营业所只做辅导工作及收款业务。第三,分期付款业务移转给一般经销商,营业所从事征信及收款业务。此新体制,目的在于发挥自主性的销售活动,并谋求经销商收益提高及经营安定。松下电器内部,也借此强化事业部的自主责任经营,同时反省自己有没有产生安逸的想法,有没有向经销商强迫摊配产品,对客户有没有不亲切或回避责任的言行,是否忘了自己是生意人,是否因为业务扩大,失去了自主性和机动性。大家要一条心,为了新制度上轨道而努力。

松下下决心,为了新制度重建成功,即使牺牲松下电器三年利益也在所不惜。因此再三与经销商、代理店聚会,务求他们对新制度充分理解并合作。起初大家纷纷反对,松下从各种角度剖析利弊,企图说服他们,有一次甚至花了四小时,最后他们终于满意地接受。松下说:"我并不希望大家存着为松下抬轿子的心理,好像对我说:'松下加油!'并且高举双手帮我的忙。'因为他那么热心,所以不要反对他算了',这样的盲目赞成,会把事情搞砸,既然赞成,希望你们都伸出双手,共同携手好好去干,除非是这样的赞成,否则就不是真正的赞成。"

这就是松下向大阪 1200 家经销店老板诚恳相求的态度。恳谈会一共举行了两次,松下以同样的态度诚心诚意跟他们谈,本来激烈反对的人,终于明白了松下所说的道理,愿意为此一制度的成功全力以赴。

案例 2 · 首创事业部制度

现今,经营的集团化优势十分明显,故此合并、重组的事情时有发生。集团的各组织单位如何运作,松下电器的事业部经验当可借鉴。

1933 年的 5 月,松下决定采用各部门独立经营的"事业部制度"。这样做有两个目标:第一,成立事业部,能够明白看到工作成果;第二,责任经营会带动整个事业部不断自我检查。一个部门赚钱了,绝不会分给另一个部门。每一个事业部要靠自己想办法获利。由于每一位事业部的主管,在自己责任范围内,都能主动热心地发挥创意和才能,所以,当时尚未跨出中小企业范围的松下电器,能不断开发新产品,屡获佳绩。同时由于会计预算独立的缘故,各事业部绝不会作超出自己实力的扩充,而会按部就班地巩固经营根本。还有一个好处是权责划分清楚。把同一商品的生产和贩卖放在一条阵线上,就能有小企业灵活机动的优点,在面对市场竞争时,更能发挥功能。以制造小型马达为例,1933 年 4 月设立了事业部制度,7 月开始着手研究小型马达制造。当时的人颇不以为然,总觉得马达这种东西是动力电机厂的产品,不适合生产家电用品起家的松下来开发,而且曾经制造马达闻名的奥村、北川两家公司,先后宣告破产倒闭,大阪一带,没有一家电机制造厂敢再冒险生产。松下的看法是将来家家户户用 10 台马达的日子将会来临,就命刚从高等学校毕业才 3 个月的佐藤士夫负责研制。佐藤在学校里只学过一点理论知识,被派到研究室做中尾君的部下。一开始,从收购来的马达下手,拆开观察研究,松下给他 5 万元研究经费,又派了一名京都大学电机系毕业的桂田德胜君助他,在困难重重下备尝辛劳,终于在次年 11 月完成了 1/2 马力的小型马达的研究,命名为"松下开放型三相诱导电动机",并开始制造销售。当时所得的评价,与闻名国际的三菱马达比较,竟毫不逊色,小型马达的开发又成功了。于是在收音机部门工厂内,设立专门制造马达的工厂,开始大量生产。与小型马达同时研究开发的蓄电池,也在相同的信念下,和冈田电气公司合作研制成功,共同出资创设"国际电池股份有限公司"。1934 年到 1935 年间,松下电器陆续开发各种新产品、制品超过 600 种,生产总额 880 余万日元,从业员工共计 3545 名,已是电器制造界的小巨人了。

1934 年 3 月,又进行了进一步的改组。这一次,把原来的电热器具制造部独立为一个新部门。更重要的是,在各部门都设了营业课,专门负责各部门的销售业务。由此,松下电器相当长时间采用的硬体组织制度就这样形成了。

这个制度的特点,就是从研究、开发到制造、销售、宣传,全部严格地实施公司内部各组织单位的全权责任制。这些事业部的部长,都以自己的名义设立户头,经济实行内部核算,当然工作也由自己全权决断。这样,每一个事业部实质上和一家独立机构相差无几。事业部这种分权组织的制度,在当时的日本是首创,就连企业管理比较先进的美国,1930 年以前也只有杜邦、通用汽车公司等少数大企业才有这种制度。显然,松下的这种做法,先人一步,获益匪浅。以后,这种制度虽然有些微妙的变化,但大体还是如此,基本保持不变,形成松下电器的一大特色。

案例 3 · 终身雇佣制度鼻祖

松下电器被日本业界公认为终身雇佣制的鼻祖。松下幸之助曾经许诺绝不解雇任何一个松下人,哪怕在经济最低迷,大裁员风气盛行时期也能做到不减员。松下员工在退休年龄之前,不用担心失业问题。

终身雇佣制度是指,企业从各类学校毕业的求职者中挑选员工,一经正式录用便始终在这一企业供职直至退休。在不严重违反公司制度、没有重大责任事故和不主动提交辞呈的情况下,企业主一般会尽量避免解雇员工。终身雇佣制一经实施,便备受人们的推崇和模仿,竞相成为战后日本企业的基本用人制度,为第二次世界大战后日本经济的重建和腾飞作出巨大的贡献。终身雇佣制是对第二次世界大战后特定时期日本企业雇工惯例的归纳和概括,它是日本式经营的"三件神器"之一,对于稳定企业员工队伍、培养团队精神、增加员工之间的信任感以及信息交流方面等都起到积极作用。

松下终身雇佣制度的形成,与当时的日本大环境是分不开的。第二次世界大战后,劳动力稀缺,赶不上企业生产所需的数量。劳动力不足,人才缺乏成为日本企业面临的重大问题。企业实施此制度和"年功序列工资制",可以稳定员工队伍,减少员工跳槽的可能性。员工若是跳槽进入新的企业,那么工龄要重新计算,这样个人会受到损失。另外,日本传统的武士道精神和一人不事二主的思想,对人们的职业态度也有着重要影响。那时候,缺乏忠心的人,一般都不会被企业委以重任。

曾经风靡一时,被公认为经营神器和经营支柱的终身雇佣制度,随着社会的发展、时代的变迁及其经济形式的变化,所显示出来的弊端也越来越大,所以,对之口诛笔伐的人也越来越多。2001年,此制度受到重大冲击,许多大牌企业,如富士康、NEC、索尼,包括松下自身,相继宣布裁员。据日本劳动省的一项调查表明,在接受调查的591家企业中,只有9.5%的企业表示坚持"终身雇佣制",而38.3%的企业表示"终身雇佣制"已经不需要。这种制度会导致人才流动受阻,对于企业来讲,会带来巨大的劳动力成本;对于受雇者来说,尤其是有才华、有能力的年轻人,这种制度会限制他们的自由和终生发展。而且,这种制度不适宜企业合并、资产重组及产业调整的状况,因为企业表面合并,职工在很长时间其实还是貌合神离的。

这一事实告诉我们,任何组织制度其实都有它的适用性,没有万利而无一害的制度,它不是万能的。企业经营者一定要量体裁衣,选择和创造出适合自己的组织制度,这样它才能为企业发展保驾护航,否则,照搬照抄来的不适宜的制度只会贻害无穷!

本章启示

硬体组织制度建设工作,是企业经营过程中的一项基础的和重要的工作。企业想要立足长远发展,实现宏伟目标,那么就需要建立可持续发展的组织机制。一些经营者或者企业管理层在考虑制度建设这一问题时,就会很容易想到参考那些成功企业的文本,但是复制家乐福、沃尔玛的管理制度,并不意味着自身企业就能达到那些企业的理想管理效果。

一个具备竞争优势、具有长远发展目标的企业,一定能够一改传统管理思维,打开视野,使得企业制度建设与企业发展状况结合起来。对于如何选择组织制度的问题,下面再用一个故事来说明,希望对大家有所启发和触动。

相传有这样一个故事:7个僧人住在一起,共同面临一个问题——分粥。由于生活困难,僧多粥少,虽做一锅粥却仍然不够吃。刚开始时大家还会互相礼让,让别人多吃点,自己少吃点也不碍事。但时间久了,相互之间的矛盾就产生了,大家没有了过去的那份谦让,觉得自己少吃了粥就吃亏了,心里不舒服。为了能够解决好这个问题,使得大家和平友好地相处,相互间建立和谐的人际关系,僧侣们想了很多方法来防止矛盾激化。大体说来主要有以下几种:

方法一:拟定一个人负责分粥事宜。很快大家就发现,这个人为自己分的粥最多给别人的粥少,于是换了一个人来分粥,但结果是相同的,总是主持分粥的人碗里的粥最多最好。由此我们可以看到:权力导致腐败,绝对的权力导致绝对的腐败。

方法二:大家轮流主持分粥,每人一天。这种方法实施下来,每个人在一个星期里自己主持分粥的那天能吃饱,其余 6 天则处于饥饿难耐状态。这种做法实质上等于给予了每个人为自己多得的机会,每个人都利用这机会来滥施自己的权力为自己谋取利益。

方法三:大家共同选举一个品德高尚的人来主持分粥。开始的时候这个人还能基本做到公平公正,但时隔不久,他就开始为自己和溜须拍马的人多分。此路不通,还得寻找新思路。

方法四:选举一个分粥委员会和一个监督委员会,形成监督和制约。公平基本上做到了,可是由于监督委员会常提出多种议案,分粥委员会又据理力争,等分粥完毕时,粥早就凉了。

方法五:还是大家轮流值日分粥,但是有个要求,分粥的那个人要最后一个领粥。令人惊奇的是,长期无法解决的问题,在这个制度下能够圆满解决。7 只碗里的粥每次都是一样多,就像用科学仪器量过一样。每个主持分粥的人都认识到,如果 7 只碗里的粥不相同,他确定无疑将得到最少的那份。

经过反复试验,最后大家总算找到最佳的方式方法解决了令人头疼的问题。也就是充分发挥众人的聪明才智,经过多次博弈才得以形成了日益完善的组织制度。同样是 7 个人,不同的组织制度,就会在群体里促成不同的风气形成。分粥的故事给了我们很多启示:

启示之一:坚持公平正义原则,是妥善处理企业各方面利益关系的根本。要处理好各方面的利益关系,关键是要建立一个好的制度。没有公平、公正的制度作保证,再好的愿望都难以实现。

启示之二:不同的分配制度,会产生不同的结果。一个单位的风气如何,根子在体制、机制和制度上,即制度问题带有全局性、根本性、长期性和稳定性。

启示之三:任何好的体制、机制和制度,都有一个不断探索完善的过程。

这就需要不断地解放思想，更新观念，深化改革，勇于探索和实践，并根据企业工作实践中暴露出的问题，集思广益，认真改进，以满足大多数人的愿望和要求。

启示之四：一项制度的好与坏，既要看责、权、利是否对等，还要坚持个别问题个别对待的原则。唯有责任与权利对等，才能体现公平正义。从上面例子可以看出也只有坚持个别问题个别对待的原则，才能保证饭量大、力气大的人基本吃饱。

分粥的故事充分说明：加强企业制度建设，坚持用制度管人、管事、管权，是企业员工建立和谐关系的关键。所以，一个企业的领导者，一定要考虑用最佳的组织制度来管理和经营，才能形成良好的工作习气和企业精神，只有在此基础上才能实现企业所追求的长期利润。

什么样的企业制度是最好的，这正如日常买鞋子，男女选择婚姻一般，不是最漂亮最华丽才算最妙，只有适合才最舒适最实用，这才是最好的。海尔的组织制度好不好，联想的组织制度好不好，对于人家来说是好的，对于你的企业就很难说。松下在组织制度建设方面，有自己的创新思维，不仅跑在别的企业前头尝到新制度带来的甜头，还能够根据企业发展的实际情况不断完善机制。当过去带来巨大经济效益的企业组织体制不再适应新时局时，松下也敢于摒弃和忍痛割爱，松下的"终身雇佣制度"就是一实例。无论是继承、摒弃还是创新，一切只为了企业的发展。

第三部分
竞争与利润

古代日本的老渔民发现如果将几条生性活泼的沙丁鱼放入一群被打捞的懒惰的鲇鱼当中,由于好动的沙丁鱼在鲇鱼中乱窜,给鲇鱼带来一种危机感,它们奋力游动,从而避免了由于窒息而亡,这便是有名的鲇鱼效应。这个故事告诉我们竞争可以刺激发展,一个没有竞争的团体或者社会将会是一潭死水,毫无发展力而言。但是竞争也要合理,我们一直强调这是个竞争非常激烈的时代,人与人之间的竞争,企业与企业之间的竞争,甚至是国与国之间的竞争,都是愈来愈多,而且也越来越复杂,一旦陷入了不合理的竞争,则很可能会陷入僵局,甚至引发倒退。所以,越来越多的企业一方面非常重视在市场中的充分竞争,但同样也要警惕恶性竞争带来的危害。例如百事可乐曾经拒绝了可口可乐叛逃者带来的秘方,并"提醒"可口可乐,这不仅仅是百事的品牌胸襟与恪守商业伦理,更是百事品牌的智慧。两乐之间在全球的竞争激烈程度不亚于任何行业之间的巨头之争,也有口水,但是在涉及商业伦理道德与大是大非面前,和谐的竞争,让两者始终占据全球饮料市场的绝大部分份额。"不正当竞争"的概念首次提出是在美国 1890 年推出的著名《谢尔曼反托拉斯法》。该法将之称为"强加于他人的非法行为",并规定联邦和州政府有义务纠正和惩处这些行为,以维护市场秩序和消费者权益。1911 年，美国最高法院裁定标准石油公司违反《反托拉斯法》，并将之拆解为 34 家新公司。此后，美国在 1914 年又相继推出《克莱顿法》、《联邦贸易委员会法》，它们和《谢尔曼法》合称"反不正当竞争三大基本法案"。越是发达的国家就越重视企业界的良性竞争，因为越发达的国家，资本和市场竞争越强，越容易发生恶性竞争，所以必须加以保护与规范市场的理性。同样，我们可以看到那些国际大品牌，汽车如奔驰、宝马、奥迪，体育品牌如阿迪、耐克、彪马，快餐如肯德基、麦当劳，等等，铺天盖地的广告，商场里对立的店铺或者专卖店，可以说竞争是近似于战争中的肉搏，但是竞争了这么多年，还是都各自占有不同的市场份额，而且竞争越久，产品越做越好，信用也越来越好，为什么会这样呢？因为他们之间没有过恶意中伤，或者打恶性价格战，他们竞争的是品牌、技术、质量和服务，只有良性的竞争，才能使企业越战越勇、越战越强。

　　一个企业怎样才能不断地发展壮大？那就是在竞争中求生存。松下幸之助的生意从大阪做到了全世界，经历过无数的技术竞争和价格竞争，一次次地脱颖而出，立于不败之地，又有怎样的诀窍呢？松下先生认为既要合理竞争，也要合理的利润。没有竞争，一个企业就无法生存，但如果是恶性竞争，又会伤害到同行业的其他竞争伙伴，最终也会伤到自己。利润是一个企业存在的价值体现，一个没有利润的企业，就没有存在的必要，也不可能存在。

第六章

合 理 竞 争

合理竞争的概念

下过跳棋的人都知道,6个人各霸一方,谁的10颗玻璃珠最先到达预定地点谁就是赢家。到达目的地的过程中,不可能只靠自己铺路搭桥,要善于利用对方的棋子跳到终点,自己的棋子也会被别人利用,如果只求竞争,不求合作,一心只想自己,看到对方要利用自己的棋子就赶紧拆桥,虽然对方一时不能到达终点,但也延误了自己的行程,终究还是不能获胜。如果不求竞争,尽为对方铺路搭桥,结果就只能眼睁睁地看着对方获胜,而自己永远落在别人的身后。这也是我们平常说的要获得"双赢"的局面,不仅要充分竞争,还要寻求合作。

松下曾接受一位记者的访问,当时他表示:"不管在哪方面,我认为过分地竞争都是不好的。距今数百年前,有一位武将上杉谦信,把食盐赠送给敌将武田信玄,这是一种崇高的行为。虽然双方彼此敌对,但并不是恶性竞争。在日本的武士道中,偷袭被认为是卑鄙的,如果意见对立,可以光明正大地挑战。在这个时候,对方跌倒,也要等对方站起来,不能趁机偷袭;或者对方的刀子掉了,也要等对方把刀子拾起来，这是正当的竞争。""在古时候，这种崇高的竞争精神就已经存在了。"

"可是，现在的日本到处充斥着恶性竞争的现象，这种行为如同偷袭，已经丧失了武士道及人道的精神。"

我们也经常要求要合理竞争，但什么是合理竞争，其实是个比较难以定义的概念，通俗地讲，以正当方式进行的竞争就是合理竞争，现在是开放性的市场，各种竞争方式应接不暇，如广告、促销、提升技术等，但同样也有很多不正当的竞争方式，例如我国 2010 年 11 月著名的 3Q 之战，即 360 和 QQ 之战，要求用户"二选一"，互相诋毁、抹黑，甚至联合其他商业伙伴一同"封杀"，这种伤害用户、中伤竞争对手的方式就是不正当竞争。而我们可以看到，松下有发展非常迅速的年份，但从未有过排挤竞争对手的做法，他一直认为如果只有松下一家电器公司繁荣的现象是不正常的，只有商界一起发展，促进社会繁荣，才有其发展的意义。

松下从小小的电插座起步，到小家电，再到电器大家，一路过关斩将，成为巨头，但松下靠的一直是堂堂正正的竞争，第一个简朴的广告、第一次找经销商、第一次和经销商及零售商的切磋，顶着别的厂家恶意压价中提价，这不仅需要自身的正气，也需要长远的眼光。松下所想的竞争是技术和产品上的竞争，为此，他经常去美国及欧洲一些先进的国家访问考察，学习和引进先进的技术，一方面与国内一些厂家合作，用最新的技术制造价格最低廉、品质最好的商品，以吸引经销商和顾客；另一方面，也扩展销售渠道，利用各种方式降低成本，保证合理利润的同时获得最多的客户。

案例1·快人一步,保持竞争力

达尔文的进化论表明生物的进化是一个优胜劣汰的过程,市场也是一样,我们经常可以看到一些很辉煌的企业一夜间崩塌,这就是残酷的竞争,松下认为在残酷的竞争中生存最重要的就是要快,比别人慢一分钟,就可能落后,结局就是淘汰出局,所以前进要比别人快,撤退也要比别人快,新产品的推出要快,旧品种的更迭也要比别人快,对竞争对手的了解要快,作出的反应也要快,要抢占所有先机,才能捷足先登。一般而言,企业推出新产品,肯定是更顺应市场的需求,品质肯定要比老产品要好,品质也更优良,当然就更能赢得顾客的青睐,而在新产品上市之后,老产品也就随之下线,如果一个企业不及时更新产品,落后于别人,那就只能惨败。

松下也有过这样惨败的案例,松下公司曾投入巨资改良出非常省电的真空管式收音机,在市场上很受欢迎,当时公司上下都非常乐观,也着实风光了一阵子,但好景不长,一年半不到,别家更优秀的晶体管收音机面市了,新型的电晶体收音机比真空管式收音机还省电,并且更为精巧,转眼真空管收音机就被淘汰了,松下电器对于真空管改良研究的庞大投资和生产设备就全部泡汤,蒙受了巨大的损失。进入21世纪以来,各行业的产品改进更迭非常快,有的甚至刚面市不久就又有新产品出现了,尤其是互联网行业和电子电器产业,面对高频率的更新节奏,所有的经营者就更要思维敏捷,眼光敏锐,洞察到市场的更新和社会的需要,快人一步,如果慢了半拍,很有可能就被甩到市场竞争之外。因此,松下也曾经说过,"当同行业推出什么新产品时,我们就要在同一时间推出更新的产品,否则就会成为失败者。有的失败者对竞争对手知之甚少,实质上就是对竞争的情势知之甚少,这就是说,若要获得胜利,就务必要对情势了然于胸,尽早作出对策。"

　　松下说:"无论什么时候,企业都在激烈竞争的漩涡中,为了不在竞争中落后,必须将对方经营的想法、动向摸得一清二楚,如果等对方采取行动才研究对策,在这个变化多端、竞争激烈的时代,是注定要落伍的。"道理虽然几乎所有的经营者都知道,但真正实施起来却是有困难的,甚至有很多企业家满足于现状,沾沾自喜,孰不知早已被竞争者抛下。

　　比别人快一步是保持自身竞争力的一大要点,但如何提升竞争力,还是要靠更为先进的技术。第二次世界大战后,松下对企业的发展有了重新的认识,觉得自己当时造飞机、制木船的动机是年轻人血气方刚和小有成就的炫耀之心,对此,他对自己进行了深刻的反省和自我批评,而对第二次世界大战后的松下电器的定位,也有了更清醒的认识,认为这是"重新开业",要以谦虚的精神多向别人学习新知识、新技术。于是,他走出日本,到技术更发达的欧美国家参观考察,希望能吸收和引进对方的先进技术。

　　他主要考察的是美国,后来再从美国转向欧洲,这些国家的大企业技术之精良和设备之先进,让松下感到无地自容,觉得自己以前就是个拙劣的模仿者,没有先进的技术。给他印象最深的,一是美国一家工厂的设备更新率,第一次到美国的时候,看到这家工厂的干电池制造设备,据说是当时最先进的,但不到半年,第二次到美国的时候,那台机器已经成为这家工厂最老式的机器了。松下说:"原来社会上出售的机器只是普通的商品,那些特殊厂商或一流厂商,都秘密开发更先进的机器,不对外公开,我认为这样才能真正地发展。"因为美国的一流厂商不仅都会生产产品,还会自己研发机器,有自己的研究机构在研制这些机器。二是荷兰的飞利浦,这次考察也最终决定了与飞利浦的合作。最吸引松下的是飞利浦庞大而实力雄厚的科研队伍,飞利浦的这家研究院,共有人员 3000 多名,而且大多是优秀的人才,其中曾经有人获过诺贝尔奖,且研究院已有多年的历史,花费上亿美元。在日本,几乎没有企业会去花巨资办研究院,因为那是学校或者是政府的事,但事实上,美国的很多大企业都有自己的研究机构。

考察的结果让松下很不安,要想保持行业巨头的地位,要生产出一流的产品,就必须有最先进的技术,这样才能保持强大的竞争力。所以松下决定与飞利浦合作,这其中也有一个3%经营费的小故事。因为松下觉得飞利浦的成长过程和松下比较类似,他决定把飞利浦当作技术合作伙伴进行磋商,但是飞利浦的技术援助费高达7%,美国也只有3%而已。于是松下告诉飞利浦公司,松下电器的经营指导也有它相当的价值,要拿3%的经营指导费。而飞利浦的技术援助费拿4.5%,这让飞利浦公司非常惊讶,因为他们从来没听过什么经营指导费,但经过各种协商和松下的解说,最后终于就此达成一致。当然,最后松下电器也成为和飞利浦技术合作中出类拔萃的公司。

另一方面,松下也着手建立了自己公司的研发机构,确立了松下电器技术研究开发部门的宗旨:新产品和新机器设备的研究开发,而且设有专门的生产设备及工具的制造工厂。这也是松下欧美之行的经验,他认为如果只是单纯的引进技术和设备,只能永远走在人家后面,而且也得不到人家最先进的技术和设备,只能自己开发,靠自己的人才制造更适合自己的先进设备和工具。松下对他的部下说,"如果没有自主的心理准备,只想依赖别人的力量或金钱,是不可能产生真正好的设计的。我看到这个事实,觉得还不太迟,可以迎头赶上。只要资本许可,要全力更新生产设备。"从那以后,虽然名字几经更迭,但松下这个技术研发机构却一直保留了下来,比较有特色的是"活动工程师",他们并不是只呆在研究院里埋头研究,而是经常去车间搜索技术资料,反馈到相应的部门,再加以升华和推广。这些工程师都是大学毕业后进入公司的,一般有五到八年的工作经验,理论和实际工作经验都很丰富,也为技术研发提供第一手资料。另一个是精密机器事业部,是研究技术工厂,因为松下不仅要图纸,也要样品。

正是因为松下这样重视技术的引进和自身的实际研究创新,增强自身竞争力,才能使松下电器一直保持良好的发展势头,并为日后成为国际性的电器巨头奠定了扎实的基础。

案例 2 · 多方合作,提高竞争力

松下不仅重视保持自身的竞争力,也注重和国内的一些厂家合作,取长补短,因此才能在短时间内创造开发出更多的家电。当时,最重要的三大家用电器是电视机、电冰箱和洗衣机,在第二次世界大战前,松下电器虽然研究过电视机,但对电冰箱和洗衣机从没接触过。市场上出现这样的需求后再去研究生产必然会落在其他的厂家后面而被淘汰出局,这对一直强调要快人一步的松下来说真的有点急了,正好此时,松下的好友、久保田铁厂的创办人久保田权四郎来访,告诉松下他的外甥有一家曾经生产过电冰箱的工厂,希望能和松下合作。这让松下非常惊喜,但仍然很认真地了解了这家工厂的情况:这家中川电机公司的创始人叫中川怀春,第二次世界大战期间经营机械制造,效益不错。第二次世界大战结束以后,他开始应驻日美军的要求生产、修理电冰箱,专供美军部队。后来美军大部分撤离,需求大减,中川决定转向做日本国内消费的电冰箱生产。但他有一个问题,他们持有电冰箱的生产技术,却并没有销售渠道,因为之前都是为美军生产的,怎样去打开销路,无从下手。久保田劝外甥把销售业务交给松下,因为松下的销售网络已经是做得很好了。中川怀春表示:"松下先生,如果您同意我的请求,帮我的忙,我愿意把公司无条件地交给您来经营,我概不过问。"松下认真考虑后,觉得很多要求和松下合作的人都别有企图,很少有这么痛快达成协议的,这也说明两家合作的诚意。当时

中川电机公司的资本总额 5000 万元,但实际资产却在 3 亿元上下,同时又答应将经营权全部交给松下先生,所以松下没有去工厂考察就直接签订了合作协议,公司的股份中川和松下各持一份,中川电机负责生产,松下电器负责销售,公司名称不变。这样,松下的电冰箱很快就推向了市场,并获得一致好评。这也是松下销售和技术合作的典型案例,并获得了双赢。

而松下和川北电气公司的合作则是当时的一段佳话,这要从松下创业之初说起,当时 3 个人的小作坊入不敷出,松下和夫人的衣服都送进当铺了,濒临经营不下去的边缘,但正是因为川北的 1000 个电风扇订单,才得以起死回生。松下也一直记得这份来之不易的订单,是他自立门户之后赚的第一笔钱。1950 年,川北公司接到了松下电器要求制造电风扇的订单,而且还是使用川北的商标。事实上,松下电器 1946 年起开始制造电风扇,但 1950 年公司机构改组后,电风扇一类的产品一般转包给其他公司生产。而生产电风扇的厂家松下选的是前身为大阪分厂日本电器精器公司大阪制造厂。松下将电风扇委托给他们生产以后,国内以国际牌商标出售,而国外则仍以川北电气的"KDK"商标销售。按理说,既然松下电器持有主要股权,就应该全部以当时松下电器的品牌"国际牌"来销售,为什么要区分国内国外呢,连川北电气的总经理岛田勉都建议商标应该全部改为国际牌,但松下说:"不,岛田君,由新川北生产的电风扇,在日本国内的销售使用国际牌,在国外销售则仍然用 KDK 牌,因为 KDK 在东南亚一带享有良好的信誉,我们不应该因股权和销售者的改变而变更商标,应该从实际出发,合作的目的,就是取长补短,发挥各自的长处,集合成更有力的机构。"1956 年,川北电气大阪工厂分出独立,成立大阪电器精器公司,川北和松下双方各投资一半。董事长由川北原总经理岛田勉担任,松下电器则派出高桥荒太郎担任总经理,经营方针彻底调整到松下电器这方面来,但国外的销售仍然使用 KDK 商标。

在企业的合作过程中，要有选择的眼光，如果选择的是一个好的合作者，那可取长补短，提升两家企业的竞争力，但如果选择的是一个不够好的厂家，则会拖后腿，适得其反。但是一个企业的价值并不是一下就能从外在看得出来的，如松下承接日本胜利牌的案例。日本胜利牌本来是美国胜利牌的百分百子公司，后来因为一些日资的加入，成为日美合资企业，而且经营得一直很顺利，是日本留声机及唱片界的顶级企业。1938年，由于日本推行战时经济政策，美资全部撤出，其股份由东芝公司收购。大战中，由于遭受空袭破坏，这家公司几乎全部被毁，无法再进行生产。此时，其股份被往来银行中兴银行全部收购。1952年，新的银行法不允许银行持有企业股份，中兴不得不让出胜利公司的股权。然而，胜利公司此时已经负债累累，没人愿意接手这家公司，没办法，这家公司想以胜利牌重回美国公司。如果回到美国公司，美国的资金就会进入日本，那么对于日本本土的产业将会造成很大的打击和威胁，此时的日本产业，由于战争的影响，本身力量就很薄弱，无法与美国资本抗衡，如果外资一旦进入，那日本业界很可能会陷入混乱甚至会被外资吞并。兴业银行向松下电器求救，希望松下能够接管。松下二话不说就认购了面临危机的日本胜利牌。兴业对松下说："这样的话，松下先生是愿意承担5亿元的债务？"松下说："没问题，由我来承担吧，不过我目前没这么多钱，我想先由我来保证责任，暂时将付款缓一缓吧。"兴业说："那就这样办。"

松下连日本胜利牌公司和工厂都没有看过，就直接拍板了这件事情，很多人很惊讶，甚至觉得松下有点糊涂和轻率，但事实上，松下有他自己的看法。之所以接过日本胜利的经营权，一方面是担心外资进入日本，将产生业界的混乱，而松下也是日本产业，在混乱中无法保证自身的竞争力足够强大到与外资抗衡；另一方面，他很了解日本胜利品牌的价值，因为美资表示，要用3亿元购买日本胜利牌的商标。对于一家资本额不过2000万元，而负债5亿元的企业来说，美资居然愿意出3

亿元购买商标,可见该美资对日本胜利品牌价值的了解。松下认为胜利牌就像是被土埋住了的金子,从外表看不出金子的价值,但是将上面的土挖开后,里面的金子就会闪闪发光。收购了日本胜利牌后,松下经过认真的研究,发现该公司的技术也颇有独到之处,只是经营方面过于欠缺,于是,松下电器派出两名负责经营的人,希望将这公司重整旗鼓。结果如松下所料,日本胜利牌果然在松下电器的经营理念下发展起来,其先进的技术和优秀的人才也发挥了最大的作用,公司逐渐摆脱债务得以发展,而胜利品牌保持不变,也成为松下旗下最具商业价值的品牌之一。

正是因为松下幸之助坚持这样充分竞争又互相合作的方针,使得松下电器赢得了良好的信誉,也不断地发展扩大。在健康正常的市场体系中,企业和企业之间应该是良性竞争和相互合作的关系,而企业自身,对发展要有长远的眼光,对生产要立足当下,作出正确的判断和选择,才能得到长足的发展,在竞争中立于不败之地。

案例3·不参与价格战

竞争本身其实本来是件好事,因为有竞争,企业才会去想尽办法降低成本,提高质量,而顾客也会更多地购买,按道理说竞争应该是越多越好,但是恶性的竞争会产生很多的弊端,例如在市场竞争特别激烈时,往往有些企业厂商为打败竞争对手,不惜采用违背市场规则的手段,如低于成本的打折、降价,以求提高市场占有率。其实,这种做法不仅导致恶性竞争,而且使自己深陷价格战中,不能自拔,严重的甚至会不堪重负而倒闭。不仅伤到自己,也会损害到正当竞争者的利益,因为每个企业都有着适当的利润,如果发生恶性竞争,本来可以利用这些利润适当、经营出色的企业往往会因为没有足够的资本而倒闭,留存下来的只有那些资本雄厚的大企业。而没有了其他竞争对手的竞争,留存下来的企业则可趁机提高价格,最终损害的还是消费者。松下先生认为这种资本雄厚的企业利用价格战打击弱小企业,排挤竞争者的做法是非常霸道而不守商道的。

　　松下提到有一次,为了销售电器,同行间发生激烈的恶性竞争,原来价值十元的东西,甚至削减到八元出售,这样竞争的结果,不但使大家得不到正当的利润,甚至出现亏损,有卖得愈多,亏得愈多的奇怪现象。于是,很多人认为这样的恶性竞争应该停止了,但有的厂商不肯停止,仍然坚持即使赔钱也要进行价格战的做法,但是厂商承受亏损的能力毕竟有限。行业中各公司、企业的负责人聚在一起讨论如何恢复到原来的价格,讨论的结果是大家一致决议:过去的不正当竞争已经持续太久了,应尽快恢复原来的价格,最后决定,就从当天开始施行。松下回去也按照当时的商议结果去做了。但实际上和松下想的不一样,过了一个多月,松下去参加一个经销商会议,让他大吃一惊的是,经销商说他太过分了,虽然上次大家商量了提高电器的价格,但事实上只有松下一家,当天就涨价,松下觉得很奇怪,认为就是因为过去价格太乱了,所以决定即日起恢复正常的价格,他也是按照规定这样做的。但是经销商告诉他:"其他制造厂,却都维持原价一个月来优待客户,我的货品都向你购买的,你一个个当天就涨价,实在是太可恶了。"松下吓了一跳,他自己也搞不清楚是怎么回事,但不能一直这样蒙受损失,于是他对经销商说:"对于你们的指责,我认为,以各位和我之间的交易关系来看,说我当天就涨价很过分,我接受。但是,我请各位想一想,那次会议是男子汉与男子汉之间的约定。我到现在才知道,原来其他的厂家都没有执行。如果各位要依赖那些不遵守约定的厂家,那我也没有办法,你们干脆就去向他们买好了。我认为这是男子汉正当的约定,为的是纠正错误的恶性竞争,所以我认真地去遵守,如果各位认为这样不好,那我愿意向大家道歉,如果各位因此以后不再与我交易,那我也没有办法了。"

　　当松下将这些心里话说出来之后,原本有着满腹牢骚的人,一个个都不再说话,松下又问到底要怎么样,是不是他错了。这时,刚才责骂松下的人开口了,说:"松下先生,你没有错,你是了不起的,我们以后还是向你购买商品。"所以,这些经销商仍然向松下采购电器,即使没有参与价格战,销量也并没有下降,反而增加了信用,因为大家都认为,松下的作风是一旦约定,就一定会去认真遵守,这样的厂家值得信赖。这样一来,松下的信用度提高,大家都更愿意与他合作,反而赢得了更多的生意。

　　价格一定依附于产品的价值,而品质则是产品价值的直接体现,只有高品质的产品才能赢得客户,例如美国第一大热水器巨头 A. O. 史密斯公司 1998 年在中国设立基地,建立了完善的研发、生产、销售及服务一体化的现代化管理体系。在产品价格定位上,A. O. 史密斯坚持高端定位策略,其平均价格比市场平均水平要高40％～50％,但没有超出中国消费者的心理承受能力。前几年,其他国内外品牌(例如海尔、西门子、阿里斯顿)纷纷降价,而 A. O. 史密斯电热水器没有参与价格战,产品的价格不降反升,可是在中国的零售量占有率仍居第三位,零售额处于第二位。但也不是说价格越高越好,企业应该生产价格与品质、品牌相匹配的产品。在很多时候,并不是价格越低越能赢得消费者的信任,有时候降价的确能打开销路,取得不错的营销业绩,但降价销售不是万能的,低价有时候容易给消费者以质量不佳的印象。俗话说:一分价钱一分货。低价有时候可能会影响到整个品牌的形象,甚至影响到销路。中国的长虹彩电就是个例子,价格战是长虹多年来的营销战略主线,从 1996 年 3 月长虹突然宣布降价以来,中国的彩电行业一时狼烟四起,引发了其他彩电企业如康佳、TCL、熊猫等竞相降价,尽管长虹一次次地降价,涉及所有的产品规格,但长虹并没有达到抢占市场份额的目的,反而不得不承受彩电大量积压的痛苦。而且消费者习惯了彩电的一次次降价潮,并没有引起竞相购买的情况,反而使整个彩电行业进入了微利的时代甚至面临着整体亏损的局面,直到2003 年 4 月,长虹掀起背投普及计划,背投电视最高降幅达 40%,但一个月后,长虹在海外被以倾销罪名起诉,其低价策略在国际上受到了质疑。2004 年 4 月,美国宣布反倾销裁定,美国向几乎所有的中国彩电生产商关上了大门。这是典型的恶性竞争失去了市场的案例,行业间竞争固然重要,但因为这种竞争失去了利润,长期亏损,甚至失去了市场就是得不偿失了。

价格战从来就不是正确的竞争方式,价格由产品价值和市场需求来定,而不是由企业私自定出,价格战也是双刃剑,有的时候,可以用来清理门户,将竞争力太差的企业踢出局,但同时,价格战也会使整个行业陷入亏损,没有更多的资金投入到技术研究和产品开发中,影响到行业的长远发展。各个国家对恶性竞争也都有严厉的处罚,尤其是发达国家。例如,虽然法国反不正当竞争的法律制度比较完善,但不正当竞争和限制竞争的行为仍时有发生。不过,违法企业都会受到严厉查处。2005 年,法国三大移动通信运营商,由于涉嫌互换客户信息及协商达成稳定市场份额的协议,被处以高达 5.34 亿欧元的罚款。2006 年,法国 34 家建筑企业协商分配大巴黎地区的建筑市场,被竞争委员会处罚 4850 万欧元。2007 年,法国 5 家玩具厂商和 3 家经销商联手统一玩具市场定价,最后被竞争委员会处以 3700 万欧元的罚款。

本章启示

竞争是一个企业发展的动力,竞争力也是一个企业价值的体现,规范有序的竞争机制有利于促进一个企业向前发展,刺激企业提高生产技术水平和产品品质,完善售后服务体系,赢得社会的信任和客户的青睐。

"竞争战略之父"迈克尔·波特认为企业不能只竞争不发展。竞争靠竞争力,竞争力靠发展,如果部队素质太低,无论怎样打仗都难以取胜,如果企业素质太低,无论怎样竞争也难以取胜。

企业不能脱离发展搞竞争,也不能脱离竞争图发展。部队没有只打仗不训练的,也没有只训练不打仗的,企业也一样。在竞争中发展,在发展中竞争,这是先进企业的成功之道。

我们可以看到松下先生从来都很注重企业的发展,例如建立技术研究开发院,与飞利浦合作,提高生产技术即提高企业的核心竞争力。再联合其他的企业,利用各自优势,取长补短,占领市场,共存共荣。但实际上他也从来没有放弃过竞争,不竞争的企业是一潭死水,无法进步,引进欧美企业的先进技术,制造质优价廉的产品投放到国内市场甚至出口到欧美国家,这也是竞争的表现。但是一定要遏制不正当竞争或恶性竞争的发生,因为恶性竞争是社会的毒瘤,人与人之间的不正当竞争,会导致扭曲的价值观甚至犯罪,企业与企业的恶性竞争,则有可能引发价格战等导致行业利润下滑甚至亏损,也会损害企业形象,造成不可挽回的损失。

怎样维护市场的良性竞争和在竞争中取胜呢?从松下的经营中我们可以学到以下几点:

第一,提升企业的竞争力。这是最重要的一点,一个没有竞争力的企业是没有生命力的,要保持企业良好有序的发展,就必须努力提升企业的竞争力。而生产技术是企业竞争力的核心,拥有高、精、尖的行业技术,才能在激烈的竞争中立足。而要在行业中保持领先,则需要有敏锐的商业触觉和高度的警惕性,需要搜集竞争对手的资料,做到知己知彼,百战不殆,同时也需要随时了解行业的最新技术、最新产品，要做引领者而不要做追逐者。万不可有懈怠或自满之心，市场如战场，一不小心就会被踢出局，须随时保持清醒和忧患意识。

第二，良好的合作关系。一个企业不可能面面俱到，也不可能孤立存在，在分工日益精细的今天，寻找更好的合作者，取长补短是一个企业获得成功的重要因素。我们可以看到现在的互联网十分发达，几乎进入了一个资源共享的时代，需要什么，都可以利用网络或者通过其他渠道获得。他山之石，可以攻玉，有的企业可能专注于技术更新和发展，而有的企业则擅长于经营管理；有的企业有着更丰富的产品资源，而有的企业却有更多的客户关系网。要擅长利用自身的优势，寻找合作者的最大优势，多方结合，才能立于不败之地。

第三，保持良好的竞争，避免恶性竞争。日益激烈的社会竞争，会促使一部分企业为了贪图自己的销路，利用不正当的手段，例如恶性削价，打价格战，或者互相诋毁、抹黑，以打击其他竞争者，图自己一时的利益，这是一种十分错误的做法。作为一名经营者，一定要规避这类事件的发生，不正当的竞争会影响企业的良好信誉，从而不利于企业的长期发展。从长远看，虽然可能一时得利，在没有了其他的竞争者，最后可能故步自封，终将被社会淘汰。企业必须指导企业堂堂正正地竞争，合理地利用社会资源，尽最大的努力减少成本，这样才可以既有合理利润，又能降低价格与同行业者竞争。

第七章

合理利润

合理利润的概念

松下认为获得利润是企业存在的意义，因为企业是从事物质产品生产和流通的部门，如果一个企业没有了利润，或者利润很少，就说明这个企业对社会没有贡献，或贡献很少。确保适当的利润，是企业对社会的重大责任，这是企业家应有的概念。

什么是利润？企业的销售收入扣除成本、税金等之后的收入就是利润，利润对于企业而言实在太重要了。有了利润，企业才能存活和发展；员工才有工作，才能养家糊口；企业和个人才能纳税，国家有了税收才能搞建设，才能维持社会的繁荣稳定。所以，只要企业合法地经营，它获取的利润越多，那么它对社会的贡献就越大。什么是合理的利润？简单一点讲，相对于产品使用价值来说，买方不认为这个价格过高，而卖方还有利可图，就是合理利润，即"双赢"；再深入一点讲，让生产和销售过程中所有的参与者，包括供应商、生产商、经销商和消费者都认为合理，上游、下游的合作厂商都有利润，而消费者也能接受，即

"多赢"。

为什么我们要强调"合理利润"呢？所有的厂商都希望利润越高越好，而所有的消费者都希望价格越低越好，怎样把握好这个平衡点？有的企业利润很高，比如我国的房地产，利润越高，存在的泡沫也越大，而对作为消费者的老百姓来说，则是无法忍受又必须忍受的，消费者甚至将所有的收入都投入到买房中，并且成为房奴，成了房奴之后没有了余钱去参与其他的消费，从而抑制了其他产业的发展，全社会进入了一种畸形的产业模式。而利润太低，虽然有利于消费者，但对企业而言，却没有发展的基础和动力，比如美国通用汽车公司，连续很多年都是汽车销售额最大的公司，也几乎是市值最大的汽车公司，但由于低利润，连年亏损，最后只能在 2009 年破产重组。所以说，合理利润是平衡消费者和企业之间持续生产的基础和动力。

对于一个企业来讲，要怎样才能获得合理利润呢？利润太高，价格上没有竞争力，超过了消费者的购买能力，失去了市场，短暂的高利润对企业没有任何的益处；利润太低，又无法持续生产。要维持合理的利润，企业只有两个秘诀："开源"和"节流"。"开源"指的是企业生产更多有竞争力的产品，占据更多的市场，赢得更多的消费者，即薄利多销，低毛利率、高销售量也可以创造高的利润总额。"节流"指的是在所有的环节上下工夫，从原材料到生产工艺甚至包括生产流程，尽一切办法降低成本，成本降下去了，即使是低价格，也可以有合理的利润。

松下一直都坚持合理利润，比如 10％的坚定原则，保证了公司的正常运转，包括设备的增加和技术的引进更新，员工工资和福利的正常发放和提高，但是他也经常考虑外协厂商的利润，而不是只顾着自己的利润最大化。以严谨的态度正确对待产品价格和合理利润也是松下成功的一个重要因素。

　　企业是社会的一分子，企业的经营是为社会发展而存在的，企业生产由人来完成，可以增加社会的就业率，为人们提供基本的生活保障；企业生产的产品、提供的服务等，一般是用来满足大众消费，提升人们的生活水平；企业与企业之间也是联系在一起的，例如一个房地产企业，就必须与建材等行业的企业发生关联，共存共荣；企业纳的税可以为政府用来修路、增加公共设施和公共福利，提高社会保障。所以说，企业是必须存在和必须追求利润的，有利润的企业才能生存，才能纳税，才能为整个社会谋发展。但是企业也不能追求利润最大化，必须符合"适当"的原则有序地进行，否则将扰乱市场，造成社会的不安定因素，例如之前提到的房地产行业的高利润，引发了人们对生活的不安全感，这样不"适当"的利润也招致了政府一轮接一轮的严厉调控。追求适当的利润是企业的生存要素之一，但怎样把握这个适度的原则，还有怎样面对竞争并追求适当利润，则是所有企业要思考的问题。

案例1·10%的利润原则

　　多少的利润是合理的？每个企业因为成本和运作的因素都各不相同，但在松下电器里，松下坚持产品的定价是：成本＋适当利润＝价格。要保证公司的合理利润且至少10%的利润是松下公司坚持的定价标准。虽然看上去不高，但是真正要所有的产品都做到却实属不易，尤其是在战后，日本很多厂商为了保证对外输出贸易占优势，纷纷削价以保证市场占有率，对此，松下一直持反对的态度，他认为这是"流血输出"，是"过分慷慨"，这样的亏本生意总归是做不长久的，也是不明智之举。

　　当松下电器规模还很小的时候，松下要亲自去推销他的产品，有的客户非常善于杀价，每次都说松下这个价格太高了，没办法接受，一定要降价，虽然松下一降再降，但这位客户还一直坚持说，价格太高，需要再降价。这让松下非常头疼，因为客户要求的价格几乎接近成本，虽然不会亏本，但基本上没有利润。为了争取到客户，当松下快要答应客户的价格要求的时候，他忽然想到了工人生产这些产品时的场面：夏天很热的时候，工人还要在铁板上加工高温红热材料，所有的人都汗流浃背地工作，松下也经常和工人一起工作，非常能体会这种劳苦和辛酸，如果将工人和他辛苦做出的产品这样廉价地卖出去，那就实在太对不起大家的工作了。于是他改了主意，将自己的想法跟客户说了，"我们工厂的情况就是这样，大家都是流着汗拼命地干着，这些好不容易做出来的产品，价格都是经过合理计算确定下来的，如果再降价，那岂不是糟糕透了？希望你还是别再杀价了吧！"对方听他说完，很是惊讶，最后忍不住笑着跟他说："算我这边输了，不减价总有许多的理由，你们的说法与众不同，本人实在受不了。好吧，就按照你的价格买下来。"这个例子反映出松下对产品的尊重和对价格的坚持，也是他真诚性格的体现。从刚开始创业到松下电器一步步发展为国际型大企业，松下一直坚持着这个定价原则，这也是保证企业利润和持续发展的一个重要因素。

1929 年到 1930 年间，由于滨口内阁的紧缩政策，社会经济越来越不景气，但松下电器的业绩却一路领先，更受到很多代理商的信赖。这个时候，很多代理商建议松下生产当时的新产品——收音机，虽然松下一直很关心这个产品，但因为自己对生产收音机并不熟悉，没有一点制造收音机的常识，自己突然决定去制造这个新产品将会有很多的困难，于是松下想到去找一个精于制造收音机的厂商合作。决定了之后他们找到了当时市面上故障最少的制作商 K 君，花了 5 万元收购并组成了一个股份公司，开始制作新产品，然后再经过松下的销售网络销售出去。新产品生产出来之后，松下也花了很大的力气进行宣传，由于松下的信誉在代理商里面是最高的,所有的代理店都非常期待松下生产的收音机,但结果却是出人意料得糟糕,收音机在使用过程中出现了很多的故障,消费者纷纷退货。代理商都很生气,他们这么信赖松下电器,而松下却给了他们这样的产品,让他们赔了很多钱,并要求松下进行赔偿。松下非常意外,他认为市面上故障最少的生产商不可能生产出这么糟糕的产品,于是着手调查,后来发现是因为松下的销售网中并没有像以前 K 君的销售网那样,销售员一般有收音机的常识,如果遇到不好的产品,自己修好再卖给顾客,所以就很少出现故障。但松下的销售网中销售员基本上是没有一点的收音机常识,常常是一点点小小的毛病就当作故障退货。结果只能是退货造成了巨大的亏损,松下为了挽回信用损失,要求研发部门一定要设计出更理想的收音机,经过 3 个月的努力,他们终于完成了几乎理想的收音机。当时适逢日本广播电视台举办组合收音机比赛,他们将刚试验完成的产品拿去参加比赛,居然得了第一名,松下很高兴地邀请了所有的代理商参加新产品展示会,经销商对松下的效率非常地佩服,但看到松下新发的销售量和价格表后,竟一致地反对,认为定价太高,因为松下国际牌的收音机刚刚步入市场,定价却比当时一流的制造商还要高,他们希望定价比一般的收音机便宜一成,先打开市场再说。听到这些反对的声音,松下却坚持他的"成本＋利润＝价格"的原则,对经销商说:"各位,今天所发表的国际牌收音机的价格,的确比别家高,我们来看看一般收音机的情形,那些价格都不是很合理、很恰当的。因为受到连续两三年来经济不景气的波及,各制造厂家都因恶性竞争而陷入乱卖的情形,维持这种价格,怎么能得到健全的发展呢?收音机需求量会愈来愈多。我们应该以更合理的方法大量生产,使得每个家庭都能买得起。同时要把收音机的品质提高到没有故障的标准,这是我们制造商应负的使命。根据我以往的经验,要制造最理想的收音机,至少要有 100 万元的资金。可是我现在手里并没有,如果有,我打算建一座理想的工厂,使得生产大量化,制造出物美价廉的收音机。十分可惜的是,我并没有 100 万元,不得不依靠正当的利润去储存,借之完成这个心愿。请各位想想看,我怎么能够加入恶性大减价的行列呢?各位都是商人,但从来没有考虑到制作成本,你们只要在买与卖之间,有一定的利润即可,市场上胡乱抛售,也把它视为正当的行情。今天我请各位离开批发商的立场,真正站在松下代理店的立场来考虑并且支持合理利润的售价,为普及收音机而贡献出各位的力量。这样想,各位才是真正的松下电器代理店,松下电器才能继续成长,为了大家的共存与繁荣,为了业界的坚实发展,请各位务必赞成并帮忙。"当供应商听到松下这番诚挚的见解之后,充分考虑了收音机的成本,并纷纷表示支持松下的价格和销售量。松下在这些代理商的协助下,国际牌收音机以惊人的速度畅销全国,月产量高达 3 万台,占全国总生产额的三成,高居第一位。一般在这种情况下,量大,价格又高,制造商应该很高兴才对,但松下并未如此,信守了当时与代理店的承诺,真正大量生产的时候,价格比当时其他牌子的收音机便宜了一半。

很多公司为了占领市场,在新产品推出的时候往往以低于成本的价格出售,等市场占有额到一定高度的时候再提高价格垄断市场,松下认为这种做法只会扰乱业界,妨碍市场的健康发展,是非常错误的,要坚持正确的定价方法,大量生产才能降低成本,就像他的自来水理念一样,生产出更多价廉质优的产品,造福于广大消费者。

案例 2·想方设法降低成本

作为下游供应商的工厂往往会遇到这种情况:采购商一定要将价格降低,这可能出自于很多种理由,比如其他竞争者的价格比自己低,或者其他相同产品的供应商的价格比较低,为了能提高优势,必须将价格降到同行业者的水平,甚至低于同行业者的水平。松下一直坚持的都是"质优价廉"的方针,但往往这两者会有矛盾,比如我国的产品,在国外人的眼中"MADE IN CHINA"几乎是和廉价划等号,但对质量他们却都不敢保证。所以我国在国际上一直都是生产大国,甚至有的人将我国称为"世界工厂",因为廉价的生产力和低成本,很多企业都将一些要求比较低的产品放在中国生产或从中国采购;而要求高品质的一些精密产品,却更相信德国、日本这样拥有高技术的国家。但是人们的要求越来越高,如果追逐的一直是廉价的产品,给人以粗糙、低价产品的印象,这个企业肯定很难发展。所以,企业除了要保证低价之外,一定要将质优摆在最前面。松下一向致力于创造价廉质优的产品,而大批量生产则一直是他坚持低价的法宝。我们都知道订单只有 100 个和订单 10000 个的价格肯定是不一样的,因为原材料的采购、流水线上的生产,大批量的生产都可以降低成本,从而达到降低价格的目的。松下认为大批量生产和优质是企业高速发展的两个车轮,缺一不可。例如 1927 年,松下电器的中尾君设计出了"超级电熨斗",松下对这个设计非常满意,并希望能够迅速占领市场,但此时,松下电器起步已经晚了,市面上已有东京的 MI 牌,大阪的 NI 牌、京都的 OI 牌,等等,市场潜力也不大,当时他们通过市场调查,全国的年销量还不到 10 万个,除了上述三大生产厂家,还有众多的小厂出品。另外,西方工业国家的电熨斗也已经进入日本市场,要怎样后来者居上呢?松下经过认真的考虑,认为由于电熨斗的价格一般都由三大生产厂家来定,价格偏高,只有推出价格低廉而品质优秀的电熨斗才能赢得消费者的欢迎。在品质方面,由于松下的电熨斗是在其他厂家的设计基础上加以改良的,他对品质非常有信心,但是怎样才能达到价廉呢?只有大批量生产,但是市场潜力又不大,而且此时电熨斗还属于奢侈品,只有中产阶级以上的购买者才能买得起,于是松下决定要大批量生产,将奢侈品变成大众消费品,这样买的人才会多,才能开启巨大的市场潜能。于是松下定下总方针:价格一定要比别家的便宜 3

成以上，品质一定要比别家好。产量不必担心，如果月产 1 万只才能便宜 3 成，就生产 1 万只；如果非得生产 1.5 万只，那就放心生产 1.5 万只，不必担心市场销售。"这在当时是需要很大勇气的，如果一旦失败，那就意味着要自己消化这么多的库存，但是松下非常有信心，他坚信自己的判断。经过核算，只需月产 1 万只就能将价格降低 3 成，但问题是当时日本国民的总年需求量还达不到 10 万只，而松下一家就要年产 10 万只，很多人都认为他疯了。但事实上，松下成功了，当超级电熨斗以"乐声牌"进入市场以后，批发给代理商的价格是 1.8 日元一只，零售价是 3.2 日元一只，月销量就达到了 1 万只，这让大多数人大跌眼镜。在此之前，全国的月总销量也不过是 1 万只，还有那么多的生产商，但松下却实现了一家生产商就月销 1 万的目标。正如松下所预料的，将电熨斗从奢侈品变成大众消费品，打开了市场，也为企业、代理商实现了合理的利润，达到了"多赢"的效果。

1961 年，松下遇到了一个难题，丰田汽车要求大幅度降价。丰田汽车公司是松下电器收音机的大客户，要求从松下通信购买的汽车收音机的价格，自即日起降价百分之五，半年后再降百分之十五，总共降低百分之二十。丰田公司认为，面临贸易自由化，日本的汽车要与美国汽车相竞争，但日本的汽车价格偏高，所以不得不从各方面去降低成本以提高竞争力，所以希望供应汽车收音机的通信工业也能降价百分之二十。当时日本的汽车业并不像现在这么好，与美国汽车工业有着相当大的差距，面临着非常严峻的考验。松下了解了所有的情况后问部下："我们目前的利润有多少？"部下说："大约有百分之三。"松下犯难了，心想："才这么点？百分之三实在少了些，在这种情况下还要降百分之二十，那怎么得了？"于是决定大家开会研究。

松下的公司目前才赚百分之三，如果再降百分之二十，那就亏损百分之十七？应该没有厂商会做这样的赔本生意，松下通信也完全可以一口回绝丰田公司的要求,而且大多数人都会这么做,但是松下认为这是特殊情况,丰田汽车毕竟是民族汽车企业的领头人,如果竞争不过美国汽车,让美国汽车流入日本市场,被美国汽车打败,这完全不符合松下的民族企业观念。松下决定先抛开松下通信工业的利润问题,试着站在丰田汽车的立场上来思考这个问题。他认为,如果是松下电器处在丰田汽车的位置上,在面临自由化的情况下,说不定也一样会提出这样的要求,虽然减价的幅度过分了一点,但松下也谨慎地思考怎样才可以降价来配合丰田汽车的要求。因此他对部下说:"在性能不可以降低以及设计必须满足对方需要这两个先决条件下,大家不妨全面更新设计,最好是不仅能够降低百分之二十,而且还能有一点适当利润才好。在大家完成新设计之前,亏本也是无可奈何的事情,这不光是为了降价给丰田,而且还关系到整个日本产业的维持及发展问题,无论如何都是非做不可的,希望诸位能够努力达成任务。"

按照松下的要求,设计人员从头开始,彻底改进整个制程。一年后,松下又问到这件事情进行的情况,结果松下通信不仅做到了如丰田所希望的价格,而且真正获得了10%的利润。由此我们也可以看出,要多从客户的方面着想,如果有特殊情况应尽力配合,想方设法地降价,在有合理利润的前提下达到客户的标准。

我们通常说"无商不奸",有新产品推出时,很多企业会先低价占领市场,垄断后再提高价格赚取更多的利润,有的企业则不断地提高技术,千方百计地降低成本,但仍保持价格不变,这样利润就高了很多,等到其他竞争者有降价的时候,再提出降价,实际上在这之前的一段时间里,已经获得了高利润,而且大多数企业都有自己的"独门法宝",一般而言这种产品没有竞争者,所以价格和利润都会维持在比较高的状态。但是松下电器自己开发的产品,因为做得已经足够好,令很多厂家都不敢贸然与之竞争,例如松下早年开发的炮弹型车灯,以质优价廉的优点几乎垄断了整个车灯市场,但松下仍然保持着强烈的危机意识,要推出新的乐声牌方型电池车灯,当时遭到了大多数代理商的反对,因为他们认为炮弹型车灯已经做得足够好了,如果再推出第二代更质优价廉的车灯,由于客户的个人偏好,不一定完全可以占领市场,但松下坚持要提供给消费者更为优质的产品,而且一向以量大价廉为行销方针的他,在乐声牌车灯推出之初,松下电器卖给批发商的单价,车灯 1.25 日元,电池 0.25 日元,车灯月销量达到 1 万只以后第一次降价,车灯的价格降为 1 日元,电池降为 0.22 日元,月销量达到 5 万、10 万只,又先后两次降价,到 1930 年,车灯月销量终于达到 20 万只,车灯价格降到 0.60 日元,电池则为 0.16 日元,1937年,由于销量进一步攀升,产量也更大,价格更是降到了车灯只要 0.30 日元一只,电池 0.10 日元一节,一节电池的价格比一支蜡烛还便宜,消费者当然买得更多,而松下这种成本下降,价格也下降的方式也真正让老百姓得到了实惠,赢得了更多客户。松下这种没有竞争者也降价的方式不仅牢牢控制了市场,让其他竞争者没办法插足,还可以利用这些产品所得的收益去开发其他适合消费者的产品,一举两得。

其实干电池并不是松下公司生产的,一直是由和松下常年合作的冈田工厂承造,但由于销量每年增加,冈田工厂也是全力配合,一再增产,到 1930 年,冈田工厂已经无法达到产量要求,松下和冈田工厂商量以后,决定再在大阪寻找一家厂商合作。经过考虑,他决定选择大阪小森干电池制造工厂,这是当时大阪生产干电池的最优秀的工厂之一,但同时也是松下的竞争对手,松下找了负责人小森氏,坦白地对他说:"小森氏,国际牌干电池因为销量急剧增加,冈田干电池一家工厂已无法满足我们的需求,所以,我们必须寻找另一家合作。你我二人同行,虽是竞争对手,但为了双方的利益,最好能够携手合作,不知道愿不愿意承造我们的干电池?"当时小森氏为松下去找他合作感到十分惊讶,但仍然觉得松下十分坦诚真挚,于是答应做松下电器的卫星工厂,松下十分高兴地和小森氏去参观了工厂,并觉得厂里 100 多名员工,都十分热爱自己的工作,但仍然有一些经营的问题,也坦白地向小森氏说了这些问题,因为要造国际牌的干电池,就必须在品质上下功夫,生产额也要提高3倍,所以要马上投资盖建新工厂和购置新设备,小森氏非常爽快地答应了松田的要求,在很多细节问题处理好之后,小森氏便按照约定投资盖了新厂房并购置了新设备。由于车灯的要求越来越多,松下也配合产量的增加而逐渐降价。但是1931年松下决定将车灯和干电池再度减价并同时做一次大宣传以刺激消费者购买欲的时候,却出现了问题:车灯是松下自己生产的,可以降价,电池却是冈田和小森生产的,要经过他们的同意,但小森氏觉得价格已经降到了最低,不能再降价,作为一个负责人,他不能草率地接受这个要求,除非松下自己接管小森工厂,这让松下感到非常意外,但是如果干电池的价格降不下来,又实在不符合他量大后减压价格的想法。经过冈田夫人的同意,深思熟虑后他决定买下小森工厂,并改为"松下第八工厂",小森氏的员工全部加入松下。经过松下经营的指导,工厂焕然一新,员工的工作效率也显著提高。一切准备妥当后,松下才执行了电池的降价。

这个事例也说明,松下为了降低成本而想尽办法,即使没有竞争者,他也要想办法降低成本以更价廉质优的产品推向顾客,赢得市场。

这种做法在其他企业也并不少见,在2008年经济危机的冲击下,很多行业被波及,尤其是快速消费品行业。2009年年初,麦当劳宣布,在全国范围内降低其销售业绩不错的4款套餐售价,降幅超过3成。降价后,价格已经持平10年前的价格,此外,当时有5成的麦当劳产品售价与10年前持平,甚至更低。对于这种降价,负责人表示最主要的原因在于原材料的供应紧张度已经有所缓解,麦当劳在国内有超过50家食品材料供应商,95%以上的食品材料在本地采购,而且随着麦当劳加盟店的增多,范围逐渐扩大,强大的规模效应使得成本进一步压低。所以说价格是依据于成本,像松下这样坚持于成本+利润=价格,而不是依据于市场或者竞争者的价格,反而以更合理的定价赢得众多客户的信任。

案例 3·企业必须为社会纳税

　　企业分为很多种,有私营企业、国有企业、外资企业,等等,除了会认为国有企业是国家的之外,往往会认为私营企业是"老板的"或者是企业家自己的,所以认为企业的赢利都应该归自己所有,包括本应向社会缴纳的税收,也就产生了很多所谓的"合理避税"的说法,甚至有的企业不惜触及法律和道德底线,偷税漏税,中饱私囊。但松下认为企业是属于全国国民所有的,不是属于我个人或者企业本身的,经营者只是受过资格认可一时代理众人掌握职务而已,这种想法在当时很难得。日本人的企业观点是企业是属于"我们的"或者是"股东的",而且必须对社会有所贡献,共谋发展,共谋国民福祉。而松下早在 1921 年还在经营一家小工厂时就有了这样的想法。每到一年一度的税金核查时期,税务署的官员就会来到附近的寺庙,调查镇上的小工厂。于是,附近的工厂和小店的店长,就会聚集到小寺庙中,在官员的指导下,纷纷在纸上写着"去年盈余 200 元"、"盈余 300 元"等,当时他在纸上写着"盈余 500 元",然后官员就在附近的寺庙调查,非常方便。后来因为收益的增加,松下在单子上所填的数字也就逐年增高,"盈余 1500 元","盈余 2500 元",直到他填上"盈余 5000 元"的时候,税务人员前来调查,其实只要他像往常一样,写上"盈余 1500 元",就不会有官员来调查,调查结果是官员不认为他只有 5000 元的盈余,应该还有 5000 元,等 3 天后税务人员再来调查时,松下很坦然地对税务官员说:"随便你们吧,仔细想想,这家工厂也不是属于我的,只是形式上由我掌管和赚钱罢了,这全部都是属于国家的,你们尽管拿去吧。"当他说完,官员居然对松下说:"你也不必说得如此严重。"然后事情就结束了。这件事情让松下在后来的经营岁月里,一直有所感触,也一直按照规定缴纳税金,因为他认为国家收了这个税也不是用于个人,而是造福于人民,且每个政府都有自己的规定,没必要去担心会被征高了税。

这样坦然的态度可能会让我们很多的企业家汗颜,因为大多数人还是认为企业是自己的,而不是国家的,觉得税收是为国家捐钱,其实这是不对的,企业本身就是属于国家的,企业在经营,也会占用社会的资源,所以企业的经营所得,有一部分是要缴纳给政府,用于公共事业和福利的建设。

本章启示

利润是一个企业存在的意义,是社会繁荣的基石,也是企业的社会责任所在。创造并获得合理的利润是企业的使命之一。但现在很多企业追求"利益最大化",某一行业或者某企业获得过分的高利润,既影响整个社会资源的有效配置和利用,又影响社会公众福利的分配,这种情况是公众反对,政府政策也加以限制。因此,有的企业希望通过垄断获得高额利润时,就会受到《反垄断法》和《反不正当竞争法》的干预和制裁。要抵制不良的经商作风,合理定价是关键,反对以过高的利润率来剥削消费者,削弱自身的竞争力,也同样反对以过低的利润率打价格战,拖垮企业,浪费社会资源。松下先生以坚定的价格政策,始终贯彻企业是全国国民所有的原则,以创造更多更好的产品造福社会,也以合适的利润赢得持续发展。他不为竞争者的价格所影响,更多的关注放在自身的成本和利润上面,以最合理的价格赢得消费者,也以最合理的利润和供应商、经销商保持良好的关系。同时,也将利润合理分配,按规定缴纳税金,给员工福利,并将赢利投入到其技术产业革新方面，将合理的利润进行合理的分配，这也是松下电器经久不衰的重要因素。

优秀的企业，为了树立良好的企业形象，保持长期的竞争力，不会只考虑自身的盈利，而是会平衡各个相关利益方的利益，作出正确的选择和规划，那要怎样在这样自由竞争的环境中既保持合理利润，又能脱颖而出呢？从松下幸之助先生的案例中，我们可以得到以下启示：

第一，要有正确的概念，企业是社会的一分子，不能过分追求高利润而占取本属于其他行业或企业的资源，不能在价值链中有榨取和掠夺利润的行为。利润应当取之于社会，而回报于社会。回报给社会包括合法缴纳税金及做其他有益于社会的事情。营造良好的企业形象和品牌价值。

第二，企业要始终关注员工利益、客户利益和合作伙伴的利益。企业得到利润的同时不能忽略员工为企业做出的贡献，其实现在有很多的企业有这样的思想，员工好比是企业的股东，企业得利，应该为股东分红。客户的利益指的是不能胡乱定价以损害到客户的利益，要始终以质优价廉的产品推荐给客户，同时也会赢得客户的信任。对于合作者，比如供应商和经销商，都参与到企业获得利润的过程中，要保持供应商和经销商及其他的合作者也有合理的利润，这样才能更有效地维护好产品链，大家互惠互利，共享其成，获得"多赢"。

第三，企业要始终关注成本，要千方百计降低成本，不断地关注成本的升降，适时以合理利润来调整价格，这样企业才能更持续地占有市场，并赢得消费者和社会的信任。

第四，企业要做好利润的合理分配，应该时刻记住将利润的一部分投入到产品的研发和技术革新上面，这样才能长久保持企业和产品的竞争力，同时也利用新技术降低成本以降低价格占有市场。

第四部分
把握时机，不断创新

美国有一座著称于世的金门大桥，被世人赞为近代桥梁工程的一大奇迹。这座大桥是在 1937 年竣工的，耗费了 4 年时间和 10 万多吨钢材，还有 3500 万美元！它屹立于美国加利福尼亚州宽 1900 多米的金门海峡之上，远远望去雄伟壮观，如巨龙腾空、长虹卧波，以磅礴的气势吸引了无数慕名而来的游客，成为旧金山的象征！就在它的附近，有一座刻意模仿之的弯曲大桥，除了外观以外，无论是宽度还是实用价值等都有过之而无不及。可是金门大桥闻名遐迩，而弯曲大桥一直默默承载着人类加在它身上的重荷却几乎被人们所忽视，很少得到夸赞，也没什么名气，这到底是何种道理，值得我们深思！有人意味深长地说："这就是第一和第二的区别。"金门大桥经过设计师的深谋远虑和长期酝酿，具有它自身独特的风格和艺术特征，涵盖了设计者无数的心血和价值连城的创意在里边，而弯曲大桥只不过是人家的翻版，是模仿而来的。虽然看起来，使用价值并没有什么区别，而金门大桥声名鹊起，而弯曲大桥不为人惦记，因为前者具有首创精神，后者在创造上没有任何能够引起人们注意的地方。

由此可见，是创新给金门大桥带了福分和名声。一个民族需要创新，它是国家兴旺发达不竭的动力，同样道理，一个企业也需要创新，它是把产品和社会推向更新更好发展方向的源泉。松下幸之助曾说:"非经自己努力所得的创新,就不是真正的创新。"他就是凭着那一股创新和改革精神,勇于走出安稳的上班族队列,从研制插座开始白手起家,一路走来为松下今日的辉煌奠定了扎实的基础。

成立于 1902 年的 3M 公司,全称是明尼苏达矿物及制造公司,世界著名的多元化跨国集团。到 2000 年底,该公司在 60 多个国家和地区设有分支机构,员工总数达到 7.5 万人,年销售额超过 160 亿美元。2003 年被《商业周刊》评为全球最佳表现 500 强之一,2005 年被评为全球最具创新精神的 20 家公司之一,并连续两年入选《财富》杂志"最受赞赏的在华外商投资企业"之一。该公司的发展和成功在于,勇于创新,极富开拓精神,所开发的产品多被人们所津津乐道。在其近百年的发展历史中开发出 5 万多种产品,涉及的领域包括工业、交通、汽车、医疗等各重要行业,世界上一半的人每天直接或间接地接触到该公司的产品。

3M 公司是具有创新特质的典范之一,是创新成就了企业的辉煌和对社会的贡献。美国著名经济学家约瑟夫·熊彼特(Joseph Schumpeter)认为,资本主义经济的最本质特征就是创新,资本主义能够不断冲出自身的各种局限和经济危机,其最主要的原因就是它本身所具有的创新机制。纵观当前企业的发展,那些具备创新精神的企业往往能够在竞争中处于主动地位,而最后能在危机中崛起立于不败之地,那些缺乏创新思想的企业却往往熬不过经济低迷时期,陷于失败的沼泽。

既然已经明了创新的重要性,那么有必要再进一步把握有关创新的相关理念。创新,其实也叫做创造,是个体根据相关的目的和任务,利用已有的条件,生产出新颖的有价值的成果,这种成果既包括物质的也包括精神的。按照管理大师熊彼特的理论知识,创新是生产要素的重新组合,包括五个方面内容:引进一种新产品、采用新的生产方式、开辟新的市场、开辟和利用新的原材料、采用新的组织形式。创新的最主要特点是新颖性和具有价值。新颖性包括三个层次:一是世界新颖性或绝对新颖性,二是局部新颖性,三是主观新颖性,即只是对创造者个人来说是前所未有的。价值性这个特点与新颖性密切相关,主要是指它所产生的社会效益,是否给人类和社会带来益处和便利。

提起创新,人们往往联想到技术创新和产品创新。其实创新的种类远不止这些。创新主要有七种:思维创新、产品(服务)创新、技术创新、组织与制度创新、管理创新、销售创新、文化创新。下面我们就其中的产品创新与销售创新、思维创新这几方面来谈谈松下独到的做法。

第八章

技术与销售，一条龙创新

两手都要抓，两手都要硬

国外有关专家曾经在培训班上做了这样的游戏：主讲人手上有一个白色信封，里面可能是 50 元钱，也可能是一张罚款单，也可能是别的惩罚。你有三种选择：一是打开信封，但必须遵从信封里的要求；二是不打开信封；三是传给你的同伴，让同伴打开。究竟该怎么办，班上不同的学员做出了不同的选择。若是选择不打开信封或者传递给别人，那毫无疑问自身就没有接受惩罚的风险，但是也意味着一切保持原状不能够进步。这样做尽管万无一失，可是可能拥有的好机会就会从你的身边悄悄溜走。原地踏步在某种程度上说其实是一种倒退，因为别人在进步，便能超越你。选择打开信封，就意味着可能需要接受惩罚，但是同时也具有了发展和前进的可能性。只有打开那个信封，才有可能突破现状，要得到这样的结果必须得有勇气，唯有这样才可能创新。

巴尔扎克说过："第一个把少女比作鲜花的是天才，第二个则是庸才，第三个便是蠢材。"的确，创新的作品总能给人耳目一新的感觉。

就一个企业而言，技术创新不仅指商业性地应用自主创新的技术，还可以是创新地应用合法取得的他方开发的新技术或已进入公有领域的技术创造市场优势。沃尔玛 1985 年启用 Hughes Network Systems 六频道人造卫星。老板 Sam Walton 通过录像带可以同时对所有员工讲话作培训，每一家分店都与阿肯色 Bentonville 总部相连，分店的温度、销售业绩、顾客的停留时间、购买行为模式等信息统统汇集到总部。沃尔玛还是世界上第一家试用条形码即通用产品码(UPC)技术的折扣零售商。1980 年试用，结果收银员效率提高 50％，故所有 Wal-mart 分店都改用条形码系统。

营销创新是指营销策略、渠道、方法、广告促销策划等方面的创新。Avon 的直销和 Amway 的传销皆是营销创新。

松下企业早期发展过程中，很重要的一点，就是一手抓技术创新，一手抓销售创新，两者有力地结合在一起，确保成功。

案例 1 · 试制与销售炮弹型电池灯

制造脚踏车灯，对后来松下电器的发展有莫大贡献。松下因为在脚踏车店待过很久，总想试试制造脚踏车的零件。可是，并没有什么具体的想法，只不过有这么一个模糊的愿望罢了。自从经营工厂以后，为了站在第一线活动，松下每天骑脚踏车出去，天一黑就得点蜡烛灯，而蜡烛常常会被风吹熄，尤其是风大的时候，点了又熄，跑一段又熄，熄了就得用火柴再点，实在麻烦得要命。因为太麻烦，自然开始想，如果有不会熄灭的灯，那该多好！松下开始着手调查。当时除了蜡烛灯以外，还有瓦斯灯。瓦斯灯是外国货，多半用在高级脚踏车上，价钱贵，不适合一般大众购买。另外还有电池灯，据说两三个小时电就耗光了，很不经济，而且构造也不完善,很不实用。因此,用得最多的仍是石油灯和蜡烛灯,经过调查,使用人数相当多。车灯,在需求量上应该没有问题。只要新产品不像蜡烛灯那样容易在路上熄灭,而且比蜡烛灯亮就行。这么一想,松下决定:一定要利用电池设计出很完美的东西。这是电器行的本行,由松下电器工厂来制造销售,名正言顺,除了电器行以外,还可以向脚踏车店销售。松下自己骑车,"路上灯不熄"的渴望也可以实现。"好主意!会'中奖'的!"松下的想法,愈来愈强烈了。设计工作落到松下头上,他不想拖延,于是开始画图试做,每天都工作到很晚。脚踏车灯设计的要点是:绝对不能像目前的电池灯,两三小时电就用光,一定要构造简单,不出故障,耐用,至少能使用 10 小时以上,而且价钱要便宜。这话说来简单,做起来相当困难。一天、两天、一个月、两个月、三个月过去了。在这期间,松下做过几十个,甚至将近 100 个试验品。经过 6 个月的时间,才做成第一个炮弹型的电池灯。

电池当然不能使用市场上的标准品,这是让松下最伤脑筋的部分。当时市面上出售的电池,都是手电筒、探照灯使用的市场标准品,起初为了配合市面上的电池而进行设计,始终无法做出革命性的东西。过了三四个月,松下终于摆脱了这种"非配合不可"的观念,想以特殊的组合电池来做电源,于是设计出全新构造的新品。为了外型好看,采用了炮弹型。

设计车灯的时候,松下觉得很幸运,因为刚好有人推出了用电较少的"豆灯泡",消耗的电量只有旧灯泡的 1/5,大家都叫它"五倍灯"。松下立刻采用了新型的豆灯泡,把探照灯用的电池重新组合,装入炮弹型灯壳,试点效果,果然很不错,竟可以耐用 30 小时到 50 小时之间。原来的脚踏车灯只能点三四个小时,等于是完成了耐用 10 倍的革命性新产品。松下一再做实验,在实际使用时,连自己都为它的耐用和省钱吓了一跳。

松下深深感到:"的确是成功了,还有比这个更好的脚踏车灯吗?外型好看,构造简单，一组电池就可以点四五十个小时。电池钱才三毛多，蜡烛一小时点一支也要二分钱，一定会畅销。"渴望很久的理想终于实现，而且可以成为今后赚钱的生意，对于松下来说，是双重的高兴。松下下决心大量制销，便开始着手准备。

这么说来很简单，可是整个制造和销售过程，有各种事件发生，煞费苦心。

1923 年 3 月，终于依照研制完成的样本去开始制造其中大部分的零件，松下工厂没有设备，只好向外订购。订购的第一件，是木造箱子，没有现货，可能要找木器行订做。木器行也得找制造木箱的，到哪儿去找呢？松下完全不知道。"先找木器行吧。"松下翻遍电话簿上的广告栏，又到各处去打听，才找到了两三家。

松下立刻把做好的样品，拿出来给木器行的人看，开始谈订做事宜。木器行第一次做这种生意，所以一再考虑，不肯爽快地答应。再说，数目只有一两百个，他们也不肯。松下后来一再向对方说："这的确是有价值的实用品，可以大量销售，起初也许是新型，比较贵，可是将来本钱一定可以补回来而且有余……"最后才有一家若松木器行答应了。可是对方却说："那么，你们一个月要订做多少个？不预先说好，我们无法准备材料。数量少的话，也没法算便宜。最初一两个月只能算是熟悉工作，并没有钱赚。你说有发展性我相信，我们的设备也要改，所以要保证每月的数量才行。"这是合理的要求。松下虽然有信心把产品销出去，确切的数目却估计不出来。要长期固定每月数量是很困难的，因当时松下电器还没有什么名气。何况是非同业的木器行，自然不知道松下的信用，叫他们便宜，就得在比较确实的条件之下订做才行。不论如何，松下每月订做 2000 个。于是木器行按照每月做 2000个的步骤去准备。松下虽然有把握，却也很担心。铁器部分没有什么麻烦，有的订做，有的自己做。核心的干电池尤其要慎重。那是因为电池灯之所以会失败，除了灯的构造有问题之外，最大的因素在于干电池本身品质不良。因此，干电池的好坏，可以决定这个灯的成败。用什么牌的电池才好呢？当时在关西地方，一流的电池是朝日干电池,在东京是冈田干电池。其他还有四五家一流厂牌。松下进一步去调查,才发现二三流的干电池工厂竟有 50 家之多,这使松下大吃一惊。

朝日干电池当时是关西唯一的制造商,态度高傲,恐怕谈不成。东京一流的干电池,也跟朝日一样,生意很难谈成。不得已,只好从二流干电池厂商里,挑一家最好的。松下在东京搜集十多家干电池成品,热心地加以比较研究,认为小寺工厂的制品最可靠,就跟他们开始交涉。小寺工厂也很乐意地答应了。电池订购的交涉,比木器行简单,松下很高兴。箱子和最重要的电池都解决了,零件也准备好了。

"现在要开始组合啊!"同年 6 月中旬松下开始制作。组合工作的负责人是宫本君。"终于要开始销售了!"一推出去,大家都会乐意来买吧?赶快送出去卖呀!可是,纸盒迟了两天才送来,说明书迟了三天才送来,真是急死人。终于在 6 月底,一切都准备就绪,开始销售。

松下自己送货到 H 商店去,向老板说明特点。松下心里期望他会这么说:"这个很不错,可能很畅销。"出乎意料,老板却说:"听你的说明好像很不错,可是卖得出去吗?电池灯毛病很多,信用很差,恐怕不大好卖,尤其是你用的是特殊电池,买不到备用品。如果路上电池用光,附近买不到,那就很不方便。这个东西,恐怕很有问题。"

构造特殊,耐用,实用价值高,价钱又便宜。他怎么反而说有问题呢?松下心里很愤慨,可是,不能说"莫名其妙",这实在是做生意难过的地方。松下起先的热情消失了。只告诉他:"请卖卖看吧,我放一些样品在这里。"这么一来。精神就消沉了,可是信心依旧。松下继续在大阪各经销店跑。一家又一家,让他很吃惊的是,怎么每家都不感兴趣呢?而且说的话都一样:"因为使用特殊电池,所以买的人不方便。买不到备用电池,恐怕就很难卖出去了。"到了这个地步,简直是穷途末路。怎么都把优点说成缺点了呢?

大阪不行，到东京去看看。松下到东京的各经销店去走一趟，结果还是一样，大家都说不好销，都没有人愿意订购。到这时候，松下为这个结果惊讶不已。这怎么行呢？车灯是真的不行吗？松下又做了一次反思，可是怎么也想不出不能销的道理来。批发商都夸大缺点，而不肯看优点，不，反而把优点当作缺点来看。这是一种误解。批发商太看重标准型电池了。如果转向电器行以外的外行人，或脚踏车店，不会太顾虑电池问题，反倒会比较客观地看这个电池灯吧。也许走脚踏车店路线，去开拓销售网更好呢。

松下暂时放弃了电器行，改向脚踏车店推销。脚踏车店没有松下的经销店，所以不太熟。他们不认识松下电器。如果说明不适当，恐怕比电器行更难交涉。这么一想，就更紧张了。"非拼命不可"，如果脚踏车店也卖不出去的话，一切都完了。

六月开始制造的成品，已经有了2000个库存。松下跟木器行有契约，不久就会积下3000或4000个。如果再拖延，电池也会损伤，非想办法不可，这是一定可以卖出去的东西。只因为大家不知道它的真价值。松下一定要想办法让脚踏车店知道。

在大阪各家脚踏车店绕了一圈的结果，比电器行更惨。他们对电池灯根本不感兴趣。原因是，以前试卖过的电池灯，因为品质太差，搞得好像给烫过了手似的，再也不敢卖了。不论松下怎么热心说明，他们却不大注意听，然后对松下说："电池灯吗？我们再也不敢卖了。不论你怎么说都不行。请你看看那个商品架，去年买的电池灯还在那儿，到现在还卖不出去，我们亏大了。"不但推销不出去，还好像挨训。其中也有比较好心的人说："这是蛮好玩的东西啊！真的可以连续点三四十小时吗？如果是真的就好。向来电池灯都是没有信用的，除非有耐心地推销一段时期，要在脚踏车店销售，恐怕很难。我们虽然不想订购，可是祝你成功啊！"这是唯一聊可安慰的话。

此路也不通，如今也没有勇气去东京的脚踏车店试了。其实不试也知道，结果一定是大同小异。松下花了一个月时间，说服每一家批发商，结果还是一样，他们都说："特殊电池不好卖。电池灯再也不敢领教。"另一方面，库存愈来愈多。可是松下并不灰心，仍然相信："这是不可能的。怎么会有这种怪事呢？我一定有办法把它销售出去！"

日子一天也不能再拖了。到后来松下想出一个死里求生之计，暂时不卖，光请大家用用看，以便证实它的真价值。用后自然明白，明白了以后就愿意经销。那么，要怎样请人试用呢？批发商很忙，他们不肯做这种麻烦的实验。于是松下下决心，直接请零售店点灯，然后请他们加强宣传。

仓库里已经积存了三四千个，而且每天都在生产中，叫一两家零售店做实验已来不及，一定要采取一边实验一边销售的方法。

最后决定，大阪所有的零售店，每一家都寄存两三个电池灯，其中的一个要现场点亮，告诉他们："一定可以点 30 小时以上，请注意看灯什么时候熄。如果真的可以点 30 小时以上，你们又认为卖得出去的话，就请把其余的卖出去。客人要买的时候也请把实验结果告诉他们。如果有不良品或时间不超过 30 小时，可以不付钱。"松下用这个办法，每天去巡察大阪的每一家零售店。一个人详细说明，一天走不了几家，所以征来了三个外务员，分区去进行。

这三个外务员都认为很有趣："哪有这么好玩的工作！每天拿电池灯去寄放，不必收钱，当然不会惹人厌。他们一定很欢迎的。"这当然是有趣的工作。像这样做生意，实属例外。一般生意失败的最大原因是"东西虽然卖出去，钱却收不回来"。因此，松下的办法可以说是冒险的，但电池车灯的情况特殊，松下有信心，只要让大家知道了它的真正价值，其他问题都可以迎刃而解。

"三个外务员一天拿出去的数量是七八十个，金额不算少了。这并不是寄售品，所以不能收钱。这样子的寄存法，我们就无法编预算了。情况不好的话，也许一毛钱也收不回来。以当时松下工厂的财力来说，这是个大问题。到底等多久才有回收呢？我很不安。可是除此之外已无第二条路可走。""好东西到后来必定会畅销。"这句话是松下唯一的靠山。当时松下认为，只要发出去一万个，就会有反应的。一万个的价钱是一万五六千元。如果没有反应，工厂就会周转不灵，这等于拿松下的命运做赌注了。

松下费心听取三个外务员回来的报告，渐渐地，产品的真正价值被承认了。甲外务员说："今天成功了。我到上次寄卖的零售店去，老板说：'点灯的结果，比说明书上所说的时间更耐久。这样的电池灯第一次看到。另外两个灯，已经卖给了我们的老主顾，这是货款。可以再送货来啊！'愈来愈有趣了。"乙、丙的外务员也说："试点电池灯的结果都一样，所以每家都很满意。今天有几家已经把钱交给我了。老板，这是大成功。我以前听说零售店付钱不爽快，可是依今天和昨天的情形看来，钱很好收。我们会继续加油，请放心。"

像这样的报告，过了10天、20天、一个月之后愈来愈多了。一个月下来，松下寄卖了5000个电池灯，起初怕收不到钱，现在却很好收。到这个时候才证明松下最初的信心没有错。又过了两三个月，零售店常因为等不及外务员去，主动打电话或写明信片来订购。到了这地步，事情就好办了。愈来愈畅销，每月可以销售2000个了。更有趣的是，有些零售店，嫌打电话或写明信片给松下工厂太麻烦，转而向批发商订购。批发商也发现"松下电池灯很畅销"。本来松下去拜托，他不理，现在却被零售店逼得不得不来找松下。卖给批发商的价钱比较便宜，是当然的。但是制造商直接卖给零售店，非常繁杂，所以，原则上，还是通过批发商去经销才是正道。松下趁这个机会，再去拜托了好几家批发商，请他们接下零售店的经销工作。批发商夸奖松下说："了不起！能自己打开这一条销售路线，真不简单！"

电池灯销售的经过，真是给松下一次"穷则变、变则通"的实际体验。

案例 2 · 自制自销三角型电池灯

从 1925 年到 1926 年,松下电池灯的经营还是很顺利的。不论是做生意还是经营工厂,松下有了自信以后,不自觉地就产生了身为企业家的理想和人生观。松下不禁开始问:现在执行的经营方针适当吗?有没有更好的?员工的从业精神是否适当?此外,跟经销店的交易条件和售价决定,等等,也要做进一步的检讨。满足于现状,松下觉得是不妥当的。松下在以上各项目中,发现了许多缺点。其中有一项是:电池灯的销售权虽然卖给了山本商店,但是对他们的销售方法,松下是有意见的。这么一来,问题就产生了。

山本氏认为,松下只要专心制造产品即可,销售权已经由山本买下了,销售方针当然是由山本来决定。松下若向山本提供建议,不但不受欢迎,对自信心强烈又很会做生意的山本氏而言,反而会引起他的愤慨。松下与山本之间的交易额已达到每月 5 万元之多,可以说是互利互惠,共享利润。可是对于销售的方针双方却意见相左,常常辩论。由于双方都能保持绅士风度,站在顾虑对方利益的观点辩论,所以没有伤过感情。

可是,问题并非到此为止。日子愈久,提出的意见愈多,松下就愈相信自己的看法是对的。起初双方都认为,电池灯只不过一时流行罢了,但经过了两年之后,观察它的需要情况以及实用性,可以断定这不是一时流行的货品,而是具有实用价值的永久性商品。因此,松下认为不能因为现在仍然很畅销就安心,目前畅销是因为没有竞争品,既然是永久性的东西,就得拟长久之计。也就是,定价要降低,制品也要改良才行。

可是山本氏却认为:"本来,这个电池灯不是寿命很长的商品。就算有永久性,也不该纯由我们商人来决定。你是制造家，当然会以为那是永久产品，从生意上来看——从我付出权利金3万元的观点来看——应该是依照3年或5年之间能够收支平衡为目标，才是正规的做法。因此，定价的高低或交易的条件，也要以此为基准。像你那样，认为这种东西可以畅销10年或20年，我是不能赞成的。"

松下和山本氏就在一边激辩一边合作的状态下，继续做交易。松下和山本氏的意见对立，持续下去，都认为自己的看法正确，双方均没有意气用事。松下认为会产生不同见解的根本原因，在于各自经营的方式相异，也就是做生意观点不一样，所以谁也无法说服谁。于是松下想：现在的交易，只好顺着山本氏的意向去做，但松下仍然相信自己的方针是对的。

当时，正有一个设计中的角型灯。事先讲好交给山本氏一手销售，既然意见分歧，松下认为还是由松下自己来销售比较好。试一段时期以后就可以明白，到底谁的方针正确。松下把这个意见告诉山本氏，请他谅解。强硬的山本氏怎么也不肯答应，他说在契约3年期间内，我不答应你自己销售，这是合理的要求。可是，松下认为事情是可以商量的，所以说："山本先生，你的意见很对。要讲权利义务，再过一年多，契约满了之后，我们可以自由销售。可是，自从我们开始交易以来，虽然意见对立，常常激烈辩论，但仍然是相敬如初，这是很难得的。我的意思是，不论怎么激辩，交易还是要照旧做下去。现在是契约期间，在法理上，任何新规格的电池灯都不能自己销售，一年多期满后，我们就可以自己销售了。我并没有要跟你中止生意关系的意思。我是想跟你永久交易的。因此我希望你让一步，把角型灯给松下销售看看。我有诚意把脚踏车界方面的销售权长久交给山本氏。就算我在电器界销售很顺利，脚踏车界的范围还是很大，不会对你的生意产生影响。我相信，脚踏车界和电器界充分合作，可以造就繁荣。何况角型电池灯能不能为业界所接受，不发售看看也不知道。就是要发售，也许要一年多的准备，刚好赶上契约满期。请你让一步,接纳我的建议吧。"

山本却回答说:"不论如何,不限于电器界,你要销售任何一部分,我都要坚决反对。契约满期以后要怎么卖,那是你的自由。目前,无论如何,我不同意。"他怎么也不肯让步。松下感到很为难,也很佩服山本氏的坚强意志。

松下继续说:"契约满期之后,我们当然可以自由销售,我松下绝不是那种不顾情面的人。不论契约如何,我仍然希望我们能够继续合作下去,只限定在电器行方面,我想利用角型灯实现松下的方针看看,特别请你同意。"

"你花了那么多天的工夫想要说服我,我可以同意,但是,你要提出代价来。""什么代价呢?""1万元现金。"这真让松下吓了一跳。角型灯仍在试用阶段,前途还是未知数。尤其是在炮弹型全盛的当时,更不大可能会畅销。再说,过一年以后即满期,根本用不着提出什么代价的。就算真的要制造发售,准备期间刚好拖到契约满期的时候。1万元的代价,跟电池灯的销售权3万元比较起来,实在是故意出难题。

像这样旁若无人,下大赌注的作风,是山本氏伟大的地方,也是他的本事。一般人的想法是,包销炮弹型已经赚了不少的钱,新型灯是松下自己设计的,脚踏车界方面继续包给山本,只有电器界让松下直接销售,这样一定是可以接受的。可是山本氏却不那么想。他的意思是,那么想直接销售的话,何必仅限于小小的电器界,大大方方地在全国销售,不是更好吗? 不过,那得付出1万元的代价。如果不愿意,就别多说话,乖乖地等到契约满期吧!

山本氏一旦说出口就不肯更改。所以,松下只有在提出1万元赔偿、等契约满期和中止契约三者中择一而行。中止契约,松下觉得可惜。等到期满,这是合理合法,没有什么问题的。只是在情谊上,松下不喜欢那样做。那么,炮弹型照旧给山本氏销售权,松下要卖角型灯,就只好提出1万元给他了。当时1万元是相当大的数目。尤其这项新产品刚设计好，是好是坏，不卖卖看，谁也不晓得，更觉得1万元太贵了。可是，松下决定无论如何要按照自己的方针销售看看，跟山本氏的交易又要继续，为了这两个目的，松下愿意提出1万元来，松下跟山本氏说："好吧，依照你的话，我愿意提出1万元。"

山本氏对松下的决定，感到很意外："松下君，你是说真的吗？是现金1万元啊！""不错，我答应了。"终于决定由松下销售角型灯。山本氏说："反正我赚了1万元，请你吃饭吧。"他招待松下和加藤先生到高野山去吃饭。加上木谷总经理，一共4个人。1万元变成高野之行，松下对此印象特别深刻。这个高野山有弘法大师从中国带回来的唐代时期的"试运石"。山本氏说："松下君，这块石头是弘法大师从中国带回来的'试运石'。能够把这块石头抬上架子，表示那个人的运势很强。"山本氏自己先试，怎么也抬不起来。接着，木谷总经理也试，还是抬不起来。松下突然想起，今天自己付出1万元才被带到高野来，到底今后命运如何，不妨借这块石头问问。松下在心里把意思向神明说清楚，然后试着抬。说也奇怪，松下是3个人当中最没有力气的，不可思议的是，奇迹发生了，他竟轻松地把石头抬起来了。这一瞬间，松下的心中产生了强烈的信念："新产品是必定会成功的！"这一次高野之行对松下来说意义非常深远。

经过这一波折，6个月之后，角型灯上市，当时是1927年4月。这就是后来销售到全国各角落的"国际灯"。最初在角型灯要推出之前，为了取名，松下想来想去，总想不出恰当的来。好几次，松下把十几个名字写在纸上选。有一天在报纸上看到"International"的日文片假名。这时候，松下脑里好像有所感触。可是不懂英语的松下，原本以为"International"是跟苏俄革命有关的什么字，查字典才知道是"国际的"的意思，而"National"，是"国民的，全国的"的意思，当时日本也有National出纳收银机，松下就在这一瞬间决定用"National"。松下希望自己的产品能成为国民的必需品。

松下终于开始销售"National"牌的角型灯了。花了1万元代价才拿回来销售的东西,松下觉得非拼命不可。松下开始动脑筋,如何宣传才能传达到每一个角落。事前松下先检验新灯是否实用,结果是"十分实用"。

松下下了决心:"好,既然十分实用,我就加强宣传。"第一个方案是,把1万个角型灯免费提供给市场。当时的售价是一个1.25元,现在看起来相当贵。松下要把1万个免费散发到市场,可见下了多么大的决心。既然要散发1万个灯,就得附上电池。松下打算叫冈田干电池免费提供电池。

方针即定,松下立刻到东京去,找冈田氏交涉(冈田氏在日本是干电池制造者的领先者之一。当时已经是创业第15年,获得了相当大的成功,资产也有,是比松下电器更大的工厂经营者)。松下把角型灯拿给冈田氏看,然后对他说,要在上面冠上"国际"之名,大大地推销,最初的宣传方法是要免费赠送1万个,希望他能够免费提供1万个电池。爱喝酒的冈田氏,以酒代替晚餐,边喝边听,他看看松下并不说话。他太太在旁边插嘴说:"松下先生,我们听不懂,能不能请你再说一遍?"松下说:"为了宣传,要免费赠送1万个新灯,请你免费送给我1万个电池,一齐散发。""呵!免费吗?1万个?"他感到惊讶、意外,又说:"松下先生,那不是太过分了吗?"

松下告诉他:"冈田先生,你吃惊是必然的。可是,我现在十分有把握,所以敢这么做。但我不会向你白要,我们可附带条件。现在是4月,我保证在年底以前卖出20万个。到时候,请你赠送1万个给我。如果卖不到20万个,你就一个也不给。我有信心,所以我敢先向你要那免费的1万个,怎么样?"

冈田氏夫妇都笑着说:"松下先生,你真了不起!我做生意15年来,从没有人来这样跟我谈生意。好吧,今年之内销售20万个的话,就赠送1万个给你。""谢谢，我这就回去按计划进行。"这个销售计划，冈田氏不但十分了解，还十分赞成。松下按照计划，很大方地免费赠送。怎么送也送不完，1 万个的数目并不少。一个一元二三毛钱的东西，没有人敢开口要两三个。就是有人开口，松下也不会给。只能给一个。样品送到 1000 个左右的时候，已经接二连三地有人来订购了。松下只好把样品先当作商品寄给他们。短短时间内就获得了市场认可。到那一年的 12 月，远远超出预计的 20 万个，共销售了 47 万个。冈田氏一定感到很意外，从来不曾出门拜访顾客的冈田氏，元月 2 日特地到大阪来，穿着礼服，带着感谢状和 1 万个电池来向松下拜年。他说："我真的吓了一跳，做梦也没有想到电池能卖出这么多个。我过去 15 年间，看过各种人做各种计划，多半都归于失败。你来谈计划的时候，我心里也很担心，我想大概不会成功，真没有想到，你能销售 47 万个，这真是我国电池界的空前纪录！"

本章启示

松下在产品的制造技术和销售这两方面的一些创新举措和经历，不能不让人佩服和称赞。他曾说过："想起当时，要发明一件东西，再把它制成商品，的确不是一件容易的事。生产之后的销售，更是难上加难。这是我从实际经验中总结的心得。事业成功的关键，在于制造和销售的配合，两者相辅相成。有人制作了相当优良的产品，因为销售方法不得当而失败；或销售方法适当，所卖的东西品质不良，因而前功尽弃的例子比比皆是。我常看到有人制造了好产品，销售成绩却不佳。其实，只要改变一点想法就可以畅销的。我所说的'改变一点想法'冷静地想起来，正是困难所在。多半拥有优良制品的人，常常自负过高，或认识不够客观，对制品的真正价值产生误判，根本想不出很好的销售策略。正确的价值判断，并不光看制品的好坏，也得考虑当时的业界情况，再进一步顾及社会的情势才行。要把个人的人生观融进去，再确定销售条件，而条件又能被业界所接受，这才可能成为畅销品。因此，要'改变一点想法'其实并不简单。然而，'改变一点想法'的功夫不到家，就不能算是一个成功的实业人。"

正如松下的理念，有优质的产品却不注重产品的推广和销售，或者有好的销售策略而生产的产品不佳，都会使得企业走上绝路，无法长期生存和发展下去。松下企业在发展过程中，自始至终都很注重技术方面的创新。松下曾经发动提高技术的运动，把技术的提高列为企业的一大方针，进而勉励员工。而这里的技术不单单是产品制造方面的技术，还包括营业方面的技术。

"本公司是否有忽略技术的情形呢？本人认为有。有些公司则根本不考虑这一点，他们认为只要专心于制造，经营方面自然会步上轨道。当然这也是一种做法，无可厚非。但是，我认为若能两者并重，才最为理想。无可否认，本公司的确是'经营领导技术'。"松下曾一而再、再而三地强调过技术与销售齐头并进的重要性。

技术创新和销售创新正如人的左臂右膀，忽视和淡化任何一个方面，企业发展速度都将受到牵制。企业经营者应当梳理全方位的创新理念，它是企业发展壮大强有力的动力。

第九章

思 维 创 新

转变思维盘活资金

1936 年 10 月 15 日,伟大的科学家爱因斯坦在美国高等教育 300 周年的纪念大会上,曾经说过:"没有个人独创性和个人志愿的、统一规格的人所组成的社会将是一个没有发展可能的、不幸的社会。"一个社会的发展是不能缺乏思维的独创性的,此种道理在企业上也是相通的。管理大师德鲁克曾说:"对企业来讲,要么创新,要么死亡。"纵观许多老牌企业的发展,其实就是不断创新的发展。

企业创新包括很多方面,而思维创新是占据重要地位的。有这么一句话:思路决定出路,它高度概括了思维创新的重要性。大多数人都看过曾风靡全球的影片《泰坦尼克号》,这艘雄伟的轮船最终撞上冰山,截成两半而导致沉没,丧失了很多宝贵的生命,包括其中的男一号。轮船的沉没,在于设计者头脑里有个致命的思维错误,认为船造得越大就越不容易翻船,所以必要的救生衣和救生艇都准备得不够充分,以至于造成惨重的结局。所以我们说,创新思维是发展的前提，是创造力发挥的前提。一味地墨守成规可能会造成不可估量的后果。

思维创新，就是要不受现有的常规思路束缚，寻求对问题的全新的、独特的解答方法。有一个年事已高的董事长，想找未来的接班人，可是拿不定主意是让大儿子还是二儿子来接手。董事长灵机一动，想出了一个主意。他告知两个儿子：前边有黑白两匹马，大儿子骑黑色的，二儿子骑白色的，谁最后到达终点，那么就由谁来接任董事长职位。大儿子听后只是尽最大努力慢慢骑，而二儿子跨上黑马快马加鞭抵达终点，结果是二儿子得以继承职位。我们再举一个道理相通的例子：话说德国农民，卖土豆时要把土豆分成大中小三个类别，如此卖土豆会比混合着卖赚更多的钱。但是要分土豆的话，需要花费比较多的时间和精力，这确实是一项工作量大的麻烦事。让人费解的是，有人卖土豆时从来都不会特意花费很多时间去分拣土豆，但是也卖了好价钱。经了解，原来他们事先把土豆装进麻袋，然后再选择颠簸不平的道路行走，等到进入城里的时候，土豆自然已经分得很好了，小的落在麻袋下面，而大的留在上边。这两则故事的道理其实很简单：在行事之前动一动脑子，转变一下思维就会带来便利和成功。按旧思路行事，按常规出牌，看似稳扎稳打、按部就班行事，可是商场如战场，时不我待！常规思路反而会让企业错失很多良机。

面对瞬息万变的环境，思维创新是一个重要的课题，思维创新可以让企业获利，获得高效益的回报，因而就得及早投入更多的心力培养管理者与员工的思维创造力以激发创意。若思维成定势，就会严重阻碍创新。有些企业提出，不换脑筋就换人，就是这个道理。有的公司不断招募新的人才，重要原因之一就是期望其带来新观念、新思维，不断创新。国外近年来还出现了"思维空间站"，其目的就是进行思维创新训练。

松下经营企业,与人谈生意,经常遇到思维和对事情的看法上彼此大相径庭的情况,因而陷入僵局。这个时候,确实很难作出抉择。松下的做法是,向对方详细解说自己的想法,并以诚恳的态度努力劝说对方接受自己的意见。仍然未果的话,松下会与对方分道扬镳,下定决心坚持并践行自己全新的主张。正是凭着这种敢于改变旧观念的勇气,松下渡过了好几次的资金难关,打开了事业的一个又一个新的局面。

案例 1 · 做别人做不到的事

1920 年到 1921 年间,业界经济境况愈来愈差,松下电器反而蓬勃发展。到了1921 年秋天,不论用什么办法,松下也应付不了订单。必须再租一两幢房子,或干脆找一块空地盖个工厂。大开路一段有一块 100 多坪的出租地,松下经过深思熟虑,决定把它租下来盖工厂。决定是有了,可是当时松下手头只有 4500 元。数目虽不能算很多,却足以证明松下辞职自己创业的这两年间确实赚了不少钱。

以 100 坪的土地来设计,工厂用 45 坪,事务所和住宅用 25 坪,总计要用 70 坪。松下自己先画了一个房间分配图,然后请建筑行估价。建筑行以分配图为基础,加上立体图,进行估价。随后送来了估价单。松下看到立体图时,很兴奋,但就图片来看真是富丽堂皇。跟 16 元租金的房子比,真是有天壤之别的感觉。松下一想到不久之后,便可以在这样堂皇的工厂工作,立刻感到跟以往截然不同的生活意义。估价单上的建筑费是 7000 多元。可手头只有 4500 元,还缺 2500 多元,这事使松下头疼起来。盘算一下:工厂盖好,随着机械设备和周转资金的增加,无论如何要准备一万二三千元的资金才够。当时经济形势不好,样样都很差劲,要向银行借钱是不可能的。从别的地方借,松下没有后台,更是没有希望。可是看着工厂的立体图,松下又坚定了他的决心,一定要盖,一定要想办法盖。不过话说回来,无钱不成事,实在不得已,只好放弃了。松下又想回来,建筑期间需要 6 个月,这 6 个月中可以赚一些补上去,但怎么算也无法凑到一万二三千元的数目。

真是左右为难,于是松下叫老板来说:"老实说,钱不够。因此,请你先盖工厂,事务所和住宅以后再说。只盖工厂,3500 元就够了,还可以留下 1000 元。这 1000元加上每月的收益够周转了。只盖工厂的话,这个计划是可以进行的。"没想到老板却说:"先盖工厂,后盖事务所和住宅,成本会增加。还是一起盖比较合算。要是光盖工厂,就得重新估价。"松下说:"有道理。可是,刚才已经说过了,我的手中只有 4500 元了,没办法。不过,如果你愿意让我延期付款的话,我愿意一起盖好。我们的生意很顺利,绝对不会让你为难。"

虽然是第一次交易,这位建筑行的老板,却一口答应下来。"好吧,金额不足的话,就按照你能付的条件付清好了。""你是说真的吗?""我怎么会说假话?""可是你不能把我的房子做抵押哟!"建筑行的老板又说:"依惯例,盖房子的人钱不够,房屋所有权状要由建筑行保管,等到建筑费付清了,才把所有权还给施工主。如果你不喜欢这样,我就信任你,不保留所有权状。"松下回复说:"好!可是我并不领你的情呵。我是为了使你方便,才同意的啊!"建筑行老板也实在拿松下没办法,就这样把条件谈好了。松下很高兴,终于正式决定要盖了。松下虽然相信,盖好了工厂增加生产之后,制品必能卖得出去,收益也会增加,约定的建筑费必能付清。可是,松下仍然感到责任重大:人家相信我的一句话,我怎么可以背信呢? 付款的日期到了,我一定不能说"请延期"的话。心中发誓:我一定要如期付清。

这座新建工厂的气概,等于迈出了今日松下传统"积极主义"的第一步。因为被建筑行信任,才勉强决定盖工厂的事,竟成为松下彻底努力到底的原动力。既然决定了,就希望愈快愈好,松下催他们赶快开工。工程于 3 月开始,松下请他们在 7

月底以前完工，他们也答应说可以。松下每天看着工程的进展，心里充满期望，感到非常高兴。一有空，松下就走路到离家只有1000米的建筑工地去看。一旦有意见，松下就当场跟工地的人商量解决，希望赶快顺利完工，松下对这个工厂的期望，无法用言语形容。从9岁到27岁，这18年间，由学徒开始，松下终于自力盖了工厂，可以说，过去的努力终于有了成果，因而感到特别兴奋。这是第一座完全属于松下自己的工厂，他发誓要以此为基础，尽最大的努力，完成更大的事业。新工厂在当年的7月如期完工。比旧工厂大4倍，设备又是依照纯工厂的需要而设计，使用效率比旧工厂提高5到6倍。

新工厂终于盖成了。全体员工充满干劲，都有"要加倍努力"的决心。从此以后，业绩顺利发展，更巩固了业界对松下电器的认识。

松下电器在1927—1928年这两年间有了很大进展，到1929年，已经拥有3处工厂，员工已增加到300多人，还在继续成长中。这时松下决定建设一个营业所和一个大工厂。松下想了很久之后的计划是：土地500坪，建筑350坪，包含住宅，是一所规模相当大的工程。土地的价钱5万元谈妥了，建筑设计的金额是9万元，共计14万元。松下看看周围情况，认为时机已经成熟，决定排除困难勉强完成。这时营业扩充资金用得相当多，可是还不错，松下还有5万元的盈余。买土地、建工厂，需要14万元，内部设备费四五万，总共大约要20万元，不够的15万元怎么办呢？把库存抛售了也赚不到这么多，只有向银行贷款。松下对事业扩充有绝对信心，因此决心断然执行。

1928年10月，松下去找住友银行西野田分行经理，把计划和贷款需要告诉了对方。竹田氏说："松下先生，这一次贷款金额好大啊！不过你们的事业愈做愈大，是一件好事。在这两年间，赚了不少的样子。这一回要投资20万元，是可喜可贺的事。我们银行也很乐意看到像你们这样不断发展的顾客。我们欢迎你们来贷款,不过,到底需要多少钱呢?"松下回答说:"土地收买费5.5万元,建筑费9万元,内部设备费5万元,合计19.5万元,大概需要20万元。我们自己有5万元,所以需要向银行贷款15万元。""我明白了。新厂盖好以后、生产会增加,周转资金不是也要增加吗?""盖工厂需要七八个月时间,我打算把这七八个月间所收的利益转做周转资金。总而言之,只要银行能给我们15万元的贷款,我的计划就可以行得通。我们的销售业绩每月都增加,市场的开拓也愈大、愈稳定,这一点请放心。"

松下把当时的生产状态、销售状况以及资金的回收情形详细地向对方说明。竹田氏听完了之后说:"很好。金额相当大,本来需要保证人的,因为你们是信用很好的老主顾,所以免了。不过,我得跟本行商量看看,请稍等两三天。我很信任你做生意的作风,15万元是不小的金额,我愿意尽力帮忙。"

两三天后,有回音了。"我们同意借15万元给你。这个金额如果全部没有抵押,恐怕有困难。15万元的贷款,至少也要20万元以上的抵押品。我想你们可能没有适当的抵押品,所以请你把这一次要买的土地和建筑物做抵押好了。我们银行是不欢迎不动产的,对松下先生特别优待,不够的部分,用信用贷款通融。不过,我们不能做长期贷款。最迟在两年以内,必须还清。你有没有把握呢?"

松下听了觉得很有道理。如果要抵押,也只有用5万元买进来的土地而已。建筑物是先借钱,等盖好了之后才抵押,等于是暂时没有抵押的。这是银行对松下特别优待的做法,应该感谢。可是,松下对"拿不动产做抵押向银行贷款"的事,心里很不愿意。尤其是做抵押必须登记,一登记,人家就知道松下有负债。对现在正在开始发展的工厂信用有影响,尽量避免比较好。因此,松下感到为难,说:"你刚才所说的,几乎等于是信用贷款,我很感激。但拿不动产去登记,对我们松下电器有不良的影响,这是我们必须慎重考虑的地方。银行给了我们这么多方便,我不该进一步提要求,可是,能不能用无条件贷款的方式办理呢?两年之内还清是没有问题的,这一点请放心。至于土地的所有权状和将来盖好之后的建筑物所有权状,都可以寄存在银行保管。务必请信任我松下这个人,答应我的要求。"

竹田氏好像很信任的样子,立刻回答说:"好,我再跟本行交涉看看。你有所顾虑的话,我也尽量想办法。"又过了两三天之后,终于得到了正式的承诺。松下得到了 15 万元的新资金,于 1928 年 11 月,开始兴建总行及总厂。虽然当时还处于 1927 年银行恐慌之后的不景气时期,松下的事业不但继续发展,而且还开始兴建总行和总厂,在业界流传了种种风声。可是,当大家看到松下不用抵押也能贷款,信用良好,树起坚实的雄姿时,就完全相信松下电器是有本事的。1930 年 5 月,建筑工程完工,同时完成迁入,从此进入了松下电器第二个阶段的活跃期,在业界开拓了确实稳固的地位。

上面主要讲述了松下前后两次遇到经营规模扩大并扩建工厂的事情,这两次手头上拥有的资金较之于所需费用来说都有一定差距。第一次扩建工厂时资金不足,按当时的常规办法,需要拿房屋所有权状给建筑行保管;第二次扩建资金不足向银行贷款,按照业界的思维,需要拿不动产给银行做抵押。一般情况下,固守常规,思维不懂变通的人,容易照着社会通行的一般法则去行为办事,这实质上是被人牵着牛鼻绳向前迈进,让自己陷于被动和不利之境。松下甩掉牛鼻绳,坚持己见劝说对方,步步为营,终于保全了自身最大的利益而获得了宝贵的资金支援!

案例 2 · 打破一行主义

1927 年发生银行恐慌,松下电器的经营也受到很大影响。当时松下电器交往的银行只有"十五银行"一家,大部分的贷款或贴现期票等,都以十五银行为中心。

发生恐慌的当时,收受贴现期票的金额有七八万元,定期存款有 3.5 万元。加上一个月的销售总额和采购金额,各 10 万元左右。由于松下与山本商店的交易,依照契约,是期票交易,所以,七八万元的贴现期票,大部分是山本商店的。山本商店一向严守"十五银行"的一行主义,双方的交易都以"十五银行"为中心,顺畅地进行。

恐慌以两三家银行挤兑为起点。银行不稳和财界动摇的气氛,愈来愈浓。有名的铃木商店倒闭,川崎造船所经营困难等,新闻报道的都是坏消息。4 月 18 日,大阪有名的近江银行,终于宣布停止兑现并关闭。因此,一般存款人脸色都变青了。这么一来,不只是大阪,全国的银行都开始挤兑,几乎没有一家例外。

到了 19、20 日,挤兑骚动加速扩大。政府和金融业者都到了穷途末路的境地。存款人在那儿徘徊,不知如何是好。然而,资本金有 1 亿元,名列五大银行之一的"十五银行"也宣布停止兑现,真是令人无法相信的事。消息灵通人士很早就告诉松下,十五银行危险,松下听了之后还半信半疑。分行经理以及两三个职员,都是松下很熟悉的好朋友,松下实在不好意思把存款都领出来,在三心二意的观望下,拖到 21 日早上,松下打开报纸一看,头号大字的标题:"十五银行停止兑现。""啊!"松下叫了一声,接着又想:"到底还是不行啊!"好了,十五银行关门了,不只是松下电器,就是山本商店也一样吧,只好去跟山本商店商量对策。这一天的报纸,全部报道十五银行关闭和金融界吃紧的消息。

十五银行关闭之后,不安达到顶点,挤兑骚动更加激烈。事已至此,实在是无法可想,谁都没有精神做事。政府伤透了脑筋,到了 22 日才发布"延期偿付"的紧急令。这才使得银行业者和一般财界暂时松了一口气。

到底是一件天大的事,到处都发生了悲剧。其中最悲惨的是,有人因为命根钱领不到而自杀,也有人发疯了。其他还有事业的挫折、倒闭等,到处都有。不景气当然愈来愈深。松下认为,这是神对"欧战期间,不自然而胡乱膨胀的经济界"的惩罚。

在这期间,松下电器一面要想办法对付十五银行,一面要想办法开拓新的金融渠道。最糟糕的是,十五银行的贴现期票,转交给日本银行做抵押,日本银行向山本商店催缴,也向松下电器催钱。松下和山本商店不能向银行借贷,自己的存款也领不出来。贴现期票的支付责任要负担。不但得想办法寻找新资金,连不必支付的贴现期票债务,也非处理不可,真是伤透了脑筋。与松下来往最频繁的十五银行关闭了,作为备用的"六十五银行"也关闭了,松下不得不找一家新的银行了。

非常幸运的是,松下和住友银行西野田分行,刚在两个月以前订好了贷款契约。关于这个契约,松下终生难忘。自从西野田分行开幕以后,他们常常来向松下拉存款。松下一向跟十五银行交情很深,没有认真考虑。他们过了半年、一年,仍然很有耐心地来拉存款。松下很佩服他们的耐性,有一次跟职员好好地谈了话。那个行员叫伊藤君,时间是 1926 年的年尾。

"伊藤先生,你真有耐性。来得这么频繁,我真不好意思。你那么热心地劝诱,我说实在话,我们和十五银行有很深的交易,不但是为我们自己方便,就连我们最大客户的山本商店,也是十五银行最忠实的顾客,他一向遵守一行主义,为了交易上的方便,不得不以十五银行作为我们的中间人兼服务站。现在要我跟其他银行交易,在人情上或实际上都有困难。住友银行是一家有威信的银行,你每次来,我每次都拒绝,看到你来我非常不安,可是我无能为力。今后,请你不要再来,请多多原谅吧。让你再白跑,实在是过意不去。"

对方却回答说:"今天您把真心话说出来,我非常感激。您的立场的确是如此。据我看来,或根据我们的调查,我们相信,贵行将来会更有发展的。目前也许十五银行就十分够用,将来愈做愈大,再加上种种需要,就得再增加来往银行,这是由我们的经验可以断定的。刚才仔细听了您的话,我愈相信,为了住友银行,也为了松下电器的发展,我应该劝您开始和住友交易才对。我今天来拜访是第八次,劝您跟住友交易是我的责任。今天您很忙,所以,不多打扰了,我一定要以我的热心和诚意,继续努力。请您再考虑。"

"不行,不行,你那么热心,我很佩服。可是情况不允许,没办法就是没办法。跟你交易会刺激十五银行,我不得已才拒绝,请你以后别再来。不过,你以私人的身份来玩,我是很欢迎的。"

"那么,我会改天再来。"过不了多久,伊藤君又来了。他一再地央求松下"赶快交易"。松下觉得很奇怪,一旦亲密地讲过一次话以后,就会产生亲切感,再加上他来过近十次,在情感上,松下确实是被对方说动了。这就是自然的人情吧。松下开始想,住友银行是大阪唯一的本地银行,如果跟他交易,信用会提高,绝对不会减少。另外,松下虽然以十五银行为主,可是松下跟六十五银行也有交易,所以并不是严守一行主义。如果条件好的话,跟住友开始交易也好。真是厉害,松下终于被说服了,说道:"伊藤君,我输了,只好向你投降。不过,要交易,我有条件,你能答应吗,答应的话,我也愿意开始跟你们交易。"

"您有什么要求?请说说看,我能做到的一定尽量想办法。""两万元以内的金额,你们能不能随时借给我周转?没有这种便利的话,跟你们交易就没什么用处。没有特别的条件,我还是照旧跟老银行来往比较好。"

"住友银行一向坚持的原则是:一旦信任谁,就会尽全力帮谁。我相信必定能够令您满意。但是,要借钱之前,必须先有存款实绩,所以请您赶快交易。"

"伊藤君,那可不成。要开始交易没有问题。问题是,开始之前能不能先借我2万元。可以的话,今天就开始。"这么一来,伊藤君怎么也不肯答应。他说:"这样的条件,我们很为难。"

"可能很为难。但是,你们看得起我,要来劝诱我,应该有这种度量才行。我也难得拿定了主意。你不用急,回去跟分行经理商量商量,只要你们能答应,我们就开始交易。今天你就回去商量吧。"伊藤君为此有点头疼,讲了一些银行的交易原则之后回去了。过了四五天,他又来了。

"松下先生,我跟经理商量好了。经理说,松下先生的意思,他很明白,请赶快交易。贷款的事,一定不会让您失望的,不过,您先交易三四个月,到时候一定实现。"

"伊藤君,那是不行的。经理的意见,不是跟你那天讲的一样吗?这样的方式要答应的话,上次我就答应了。何必再听经理重复一遍呢?先交易三四个月看看,然后再通融,这对我来说没有一点用处,我认为不必要。你相信我才来找我的,为什么不能先贷款呢?"

"松下先生,你的话很有道理。只是,住友银行对无论多么有信用的商行,从没有先贷款后交易的先例。只要先交易,请您相信我,我们会尽快使您满意。"

他再三地反复说同样的话。于是松下说:"伊藤君,那样我是不心服的。既然讲信用,交易前贷款和交易后贷款,我认为一样。你们不肯接受我的条件,我认为还不信赖我。我不急,请你们做一次彻底的调查。我也愿意说实话,如果你们认为可以,就请让我约定贷款,发现不妥当,你们可以不贷,我不会提出异议,这一点请放心。你再回去跟经理商量吧,如果有必要,我可以直接跟经理谈一谈。"

那一天就谈到这里,伊藤君又回去了。松下的想法是,不论是多么大的银行,交易必定有信用,才能成立。事前调查可以了解可信度。在这范围以内约定贷款,为什么不行呢?就连这个小小的松下电器,只要认为没问题,都敢一开始就借出5000元或1万元。为什么大银行住友不能约定贷款呢,我认为,不肯约定就等于不信任。如果真是这样的话,又何必交易呢?如果经理来了,松下决定把这个道理说给他听听。

后来,可能伊藤君把这个问题向经理说得很明白,当时的竹田经理打电话找松下,说是要当面谈谈,于是松下第一次到住友银行去。见面相谈之后,松下发现,竹田经理是一位很有见识的人,他说:"您的意思我全明白了。这是完全没有前例的事,不能由我一个人决定,我认为您的话有道理,所以,我要跟本行商量,然后再跟你们约定。不过,在这以前,依照您的意见,我们要先做一次调查。"松下听了,觉得这才像话,立刻回答道:"我乐意接受调查,我会尽量说实话。"这样才进入了具体的交易。

松下告辞时,竹田经理说:"松下先生,我很佩服您的一套道理。我在银行服务了很久,从没有遇到未交易先贷款的客户。我会尽力而为。"听了这句话,松下心里感到很得意。同时也觉得,住友的作风虽然踏实,却也有人情味。心里想:如果这个条件他们不肯答应的话,我也不必跟他们交易了。

经过调查,加上分行经理奔走,住友终于空前破例地约定松下随时可以贷2万元。松下跟住友的业务来往,于1927年2月正式开始。

交易两个月后,发生银行恐慌。虽然有约在先,松下仍没有向住友借钱。一方面,松下认为住友在这一时期一定也有困难;另一方面,松下形势还过得去。直到十五银行关闭之后,金融渠道都断绝了,但为了慎重起见,松下先打电话问住友,是不是可以按照约定贷款。住友银行回答说:"目前并没有发生'非变更约定不可'的情况。因此,依照约定请随时来贷款。"松下听了很高兴,也感到很羞愧。松下原以为住友在这个困难时期,一定不会履行诺言的。可是人家说到做到,毫不背信。这个约定,可算是松下的好运气,终于救了松下电器,这也是松下终生难忘的大事之一。

一行主义,即只跟一家银行打交道,只做某家银行的忠诚顾客,这是松下一贯坚守的原则。所幸的是,松下没有死守这条原则。在别家银行业务员不辞辛劳的推荐和坚持不懈的劝说下,松下终于尝试与之交谈。松下咬住先借款这一史无先例的要求毫不放松,银行作出让步,双方终于达成交易。这一举措,成为日后挽救松下的活路。由此可见,松下其实是一个很守原则的人,但他更是一个会灵活变通的企业家,而每一次与众人不同的思维往往使得企业从泥沼中站立,走向更高远的目标。

本章启示

思维创新,是一切创新的基础和前提。任何企业或者个人若是封闭思维,只会让自身深陷囹圄。西方会有召开头脑风暴会的做法,会上就某个问题让与会者想出解决的办法,定出的目标是,一个小时内想出一百个办法。那些原以为最多能想出五十个办法的人,结果却能够想出一百多个。这说明,创新思维并不是与生俱来的,是可以通过一定的训练培养出来的。

创新思维是盘活企业的法宝,它是如此重要。若想获得创新思维,就必须扫除阻拦创新性思维的障碍,比如思维定势。所谓思维定势,是受先前的活动影响而造成的一种对活动的特殊的心理准备状态,或活动的倾向性。在环境不变的条件下,定势使人能够应用已掌握的方法迅速解决问题。而在情境发生变化时,它则会妨碍人采用新的方法。消极的思维定势是束缚创造性思维的枷锁。

有这样一个著名的试验:把6只蜜蜂和同样多的苍蝇装进一个玻璃瓶中,然后将瓶子平放,让瓶底朝着窗户。结果发生了什么情况?

蜜蜂不停地想在瓶底上找到出口,一直到它们力竭倒毙或饿死;而苍蝇则会在两分钟之内,穿过另一端的瓶颈逃逸一空。由于蜜蜂基于出口就在光亮处的思维方式,想当然地设定了出口的方位,并且不停地重复着这种合乎逻辑的行动。可以说,正是由于这种思维定势,它们才未能走出囚室。而那些苍蝇则对所谓的逻辑毫不留意,全然没有对亮光的定势,而是四下乱飞,终于走出了囚室,头脑简单者在智者消亡的地方顺利得救,在偶然当中有很深的必然性。

　　一个人的思维若是定格了,一切照常规或者存有从众心理,那么是很难有创造性行为的。思维最大的敌人,便是习惯性思维。有这样一个问题:一位公安局长在路边同一位老人谈话,这时跑过来一位小孩,急促地对公安局长说:"你爸爸和我爸爸吵起来了!"老人问:"这孩子是你什么人?"公安局长说:"是我儿子。"请你回答:这两个吵架的人和公安局长是什么关系? 这一问题,在100名被试中只有两人答对! 后来对一个三口之家问这个问题,父母没答对,孩子却很快答了出来:"局长是个女的,吵架的一个是局长的丈夫,即孩子的爸爸;另一个是局长的爸爸,即孩子的外公。"为什么那么多成年人对如此简单的问题解答反而不如孩子呢? 这就是定势效应:按照成人的经验,公安局长应该是男的,从男局长这个心理定势去推想,自然找不到答案;而小孩子没有这方面的经验,也就没有心理定势的限制,因而一下子就找到了正确答案。过去的经验和态度影响着人们对问题的思考,使其永远跳不出圈子而止步不前。

　　因而在解决问题时,我们尽量要多向思维,除了顺向思维,我们还可以用逆向思维。在创造发明的路上,有时候运用逆向思维可以创造出许多意想不到的人间奇迹。洗衣机的脱水缸,它的转轴是软的,用手轻轻一推,脱水缸就东倒西歪。可是脱水缸在高速旋转时,却非常平稳,脱水效果很好。当初设计时,为了解决脱水缸的颤抖和由此产生的噪声问题,工程技术人员想了许多办法,先加粗转轴,无效,后加硬转轴,仍然无效。最后,他们来了个逆向思维,弃硬就软,用软轴代替了硬轴,成功地解决了颤抖和噪声两大问题。这是一个由逆向思维而诞生的创造发明的典型例子。

松下在面临一些问题时,总是不按常规出牌。比如前面所述,别人贷款需要不动产抵押,别人借住友银行的钱需要先存款,松下总有毅力去劝说对方来接受自身认为合理的意见。他没有从众心理,不人云亦云,结果为企业赢得了企业发展的宝贵资金。其实,松下的创新思维不仅仅体现在这些方面,他经常会有一些出人意料的举措,比如经济低迷时期别人裁员,他却一个都不裁减而是让员工一起去做销售,比如当电池灯的销售几乎走向穷途末路时,他让车灯免费寄存在店里的新思路又救活了企业。还有很多这样的例子,这里不一而述。

'21 世纪唯一不变的是变化。无论我们的企业走到哪一步,摆在我们面前的都是风云变幻的生存环境。我们的顾客品位在变,我们的竞争对手在变,我们的产品和技术在变。虽然变化之中有很多宝贵的机遇,但更多的是看不见的暗礁、防不胜防的冷箭和深不可测的陷阱,我们很多的企业就是未能深刻认识到这一点,从而在市场经济的大潮中樯摧楫折,或是烟消云散。反之,又有很多的企业在自己身陷囹圄的时候,勇敢创新,跳过前面的洞穴,并因此柳暗花明又一村,踏上蒸蒸日上之路。

第五部分

自省推动进步，视野决定未来

作为一名经营者,在带领企业驰骋商场的时候,遭遇挫折、碰到低潮是常有的事。在这个时候,优秀的企业经常做的不是抱怨,而是要一方面以批判的眼光自省,一方面要着眼全局调节。自我反省和自我调节的能力是一个企业必须具备的素质,也只有具备这两个要素,才能渡过难关。"如果你为了错过夕阳而哭泣,那么你将会错过星星",也就是说如果一个企业遭遇了一点挫折或者失败就放弃的话,可能就会错过下一个机会。我们也常说上帝是公平的,在关上一扇门的时候就会打开一扇窗,只要积蓄了足够的能力,在一个困难面前或许会经历失败,但是在认清形势分析自己优劣势后才能寻找另外一片精彩。

　　经营者也是普通人,我们熟悉的很多企业家,都不是智商多高的天才,都是平凡的人,只是他们善于思考,善于反省和总结。例如波司登的创始人高德康,只不过是一个普通的农民,一开始是做裁缝,组织了一个缝纫组,靠给上海一家服装厂加工服装赚钱,每天要从江苏常州的农村到上海购买原材料,做好再送回上海,两地距离大概 100 多千米,有时候甚至得骑自行车,还有坐公交车的时候常被上海人骂作是乡下人。但是他认为做生意就是要这样吃得了苦,受得了委屈,每天要思考问题在哪,怎样将生意做大做强,即使后来波司登做大了,成了中国的驰名商标,他仍然一直不断地反省自己,为了一些想不明白的问题甚至跑到北大、清华去上学,一定要将不明白的问题搞清楚为止。

经营者是企业的领导,所有的思路都必须理顺了才能使企业有条不紊地发展。这个理清思路的过程其实也就是一个自我反省的过程,在这个过程中,企业家必须有广阔的视野,立足于企业现状,认清企业有哪些优点,哪些缺点,优点该如何放大,缺点又该如何改正,只有这样不断地追问,不断地谋划,才能使企业不断地趋利避害,不断地前行。

现实生活的繁华多姿、商业中的浮光掠影,甚至一些不良居心的人巧言令色,常常容易蒙蔽了经营者敏锐的眼睛,盲目跟风和盲目扩张的企业不胜枚举,最后的结局却只有关门大吉。甚至有的企业为了打出一时的效应,不惜斥巨资去赢得一个虚幻的名头,这种暂时的轰动可能会引发消费者的关注,可是在现在日益透明的社会机制下,没有真正的实力是不行的,消费者也早就练就了火眼金睛,不会为这些所谓的巨资广告费买单,最后亏损的也只有企业本身。而有的企业发展到一定规模之后,就容易耐不住寂寞,贪大求全,今天收购,明天到其他的领域去试试,盲目扩张的结果就是企业越做越多,越多越不专业,越不专业品质越次,最后只能被社会淘汰。当然,并不是所有的企业都是如此,并购和多元化经营成功的企业也很多,只是不能盲目跟风或者头脑发热。经营者担负的不仅仅是自己的工作,更是一个企业所有员工的责任,也是社会的责任,所以在诱惑面前一定要保持清醒,不要盲目,这也正是需要领导者的全局眼光,来判断一个企业发展到哪一步究竟需要怎样的决策。

商场上没有常胜将军,即使是松下先生也遭遇过事业的滑铁卢,但并不意味着失败了就一蹶不振了,在失败中奋起非常重要,在企业惨淡的时期更要注意反省哪些地方做得不够,怎样优化人才配置,进行技术革新甚至资产重组。

企业失败的原因有很多种,可能是政治或经济环境的影响,更多的是企业本身出现的问题,作为优秀的经营者,一定要有面对企业自身缺陷或缺点的勇气,直面失败而奋起直追,所谓"哀兵必胜",在困难时期的奋起往往有意想不到的效果。

善于自省的人一般都有着不一样的眼光,因为当其他人在抱怨环境不公平时,他做的是自己哪里没有适应环境,应该怎样为环境做改变和提高,这就是眼光。一个有眼光的人,才能站在比别人高的位置,看到别人看不到的机会,才能使企业有更高更远的发展。

第十章

不断自省，持续进步

自省才能进步

曾子曰"吾日三省乎吾身"。作为个人当经常自省，以看到哪些地方是对，哪些地方是错，这样才能保持清醒的头脑去面对第二天要做的事情，也便于纠正当天犯下的过错，以防后患。作为一个企业家，掌管着一个企业的重大决策权，每天要面对着企业上上下下很多琐事，更要保持自省的习惯。一代明君唐太宗李世民，可以说是一名文韬武略的皇帝，他总结前朝灭亡的教训，效法尧舜，不封禅、不求仙，也不四处巡游，而且坚持反躬自省，以魏徵为镜，接受很多逆耳的忠言，改掉自身缺点，励精图治，成就了"贞观之治"。到了晚年，李世民也经常反省自身多年政治生涯中犯下的错误，以教导太子李治不要重蹈覆辙。希腊有句俗语"认识自己是最困难的"，但也只有认识到了自身的缺点才能真正地改正。企业家作为企业的经营者，如果自己的问题自己没有发现，下属很有可能也不会察觉到，甚至察觉到了也有可能不敢告诉你，所以说，经营者务必每天自省。

经营者往往承担了企业的重任，企业好比是船，那经营者就是引领方向的舵手，如果方向错误，再多的努力都是白费，甚至容易南辕北辙。在浩瀚的时代大海中，经营者要引领正确的方向，就必须时刻关注内外事物的变化，就像舵手必须时刻看天气、看周围环境来判断正确的方向。企业的决策都是在特定的环境中作出的，一旦环境改变了，那政策也要随之而改变，否则容易导致信息滞后、决策滞后，而使企业停滞不前甚至落后于其他的企业。所以经营者必须经常自省，审时度势，发现错误的决定及时纠正，有滞后的信息也必须及时更新，做到与时代同步，持续进步。

法国牧师纳德·兰塞姆的墓志铭是他的手迹"假如时光可以倒流，世界上将有一半的人可以成为伟人"。但是时光是无法倒流的，也不是每个人都想成为伟人，但是如果经营者能经常自我反省，找出自身的不足而加以改正并逐步提升，企业自然也会蒸蒸日上。一个原地踏步的企业其实就是在后退，尤其是现在竞争日益激烈的社会，想要达到持续进步，经营者就必须像逆水行舟，拼命往前赶，但在这个过程中也应当特别注意不断地自省和改进。

日本著名的管理大师稻盛和夫曾提出过经营者的人生六项精进，第三项说的就是要每天反省，他将高尚纯洁的心灵称为"真我"，将卑贱贪婪的心灵称为"自我"，他认为应当每天回顾一整天有多少次出现"真我"，有多少次出现"自我"，而反省的结果就是学习怎样抑制"自我"，怎样伸展"真我"。松下先生一生将经营当作了事业，而他的美德也被世人所赞誉，他不止一次提到人生的幸福感和企业经营的异曲同工之妙。经常反省哪些是适合于企业发展的决策，哪些是不适合企业发展的决策，或者是目前企业中哪些地方是值得继续保持和发扬的，而哪些是需要改进的，坚持每天反省判断，则有利于企业往更好的方向发展。

"知耻者近乎勇",字面上理解的意思是一个人知道羞耻就接近勇敢了,而对于一个经营者,这句话可以理解为知道错误在哪,不护短,不讳疾忌医,以一种正面积极的态度去应对。松下一生经营企业,商场风云变幻,曾经在世界的巅峰,也曾经身无分文,甚至欠下巨额债务,但他从未放弃过,而是坚持反省并一再前行。从100元开始创业,到第二次世界大战前小有成就地拥有2000万元,事业一路顺利,但是第二次世界大战日本战败后,由于松下奉行战时政策调整,所有资产如同泡沫般消失,还身负700万债务,他并没有抱怨因国家的政策战时工厂未被赔偿,反而从自身找原因,认为自己是年轻时小有成就的沾沾自喜心理作祟,决定重新开业,这才有了后来松下电器王国的辉煌。

若一个不顺或者遭受挫折只从外界找原因,那永远不会成功,因为外界不因个人思想意识而转变,只有经常自省,并不断地适应外界环境,才能有所作为。

案例 1 · 在自省中进步

世界上没有完美的人,就连伟大的毛主席这样的人都会犯"文化大革命"这样的错误,更何况我们平常人?企业家亦是如此,尤其是经营企业这样烦琐的事,而且可以说一个企业的平常动作都与经营者有着直接的关系,管理得不好,是经营者制定的管理条例有问题,方向不对,是经营者的决策出现了偏差,甚至有员工做错了事情,也是经常没有把关好,或者是没有选好员工……甚至,经营者的一言一行都会影响到企业的发展,所以,作为企业的经营者,就必须做到经常反省自身和企业的问题,才能持续进步。

松下先生是一位经常自省的人,他常强调,人要有一颗率直之心,要有端正的态度，每天反省昨日之事，是否纯正；今日所做之事，是否运用了纯正的心。反省之后，纠正偏差的现象和不率真的态度，才能随时改进。同时他认为，一个人除了必须每天自省之外，还需逐渐增加修养，这样才能有率直的心，不受外界阴暗所干扰，将个人能力发挥到极致。有一次，一位下属因经验欠缺而使一笔货款难以收回，松下勃然大怒，狠狠批评了这位员工，但是当他再次回想起这件事情的时候，为自己的过激行为深感不安。因为货款发放单上自己也签了字。下属只是因为没有经验，没搞清楚情况而已，而自己作为一名领导，却忘记了自己也有责任，真是太不应该了。想通了之后，他马上打电话向下属诚恳地道歉，恰巧那天，这位下属乔迁新居，松下得知后立即登门拜访祝贺，还亲自为下属搬家具，累得满头大汗。不仅如此，一年后的这一天，这位下属收到了松下一张亲笔签名的明信片，上面写着"让我们忘记这可恶的一天吧，重新迎接新的到来!"这真的让下属感动得热泪盈眶。这就是作为一名领导能做到的自省，假使松下并不察觉这件事的错误，那也就不了了之，这位下属可能为此心生怨气而在以后的工作中有所懈怠，得不偿失。所以作为经营者，要时刻记住"知耻者近乎勇"，要经常自省自检，勇敢地为自己的错误承担责任并作出补偿。

也正是有像松下这样善于反省的领导者，他的下属也是善于反省的人。在1978年春天，当时担任电热器事业部部长的铃木宗夫因为咖啡磨豆机被松下训斥，因为属于他事业部的咖啡磨豆机的市场占有率降低，当时的形势是：遥遥领先的是飞利浦，占40%；第二位是美利德公司，约占20%；而松下电器的占有率约为7%～8%。在我们看来，一个小小的咖啡磨豆机何必如此认真呢，而且7%～8%的占有率已经不错了。其实不然，因为松下的宗旨是：不管是什么商品，占有率一定要达到30%以上，占第一位，尤其让松下生气的是位居榜首的是外国品牌，这与日本被外国军队占领有何不同？松下很严厉地责备铃木宗夫"假如你有事业家的精神,你一定会夜以继日地思考怎样扭转局面,建立商业信誉,事业部长并不一定非你不可,你要去想想别的事业部长是如何处理的。"在 400 多人参加的经营研究干部会议上毫不留情面,这让铃木宗夫如坐针毡,但他并没有因此不满,反而觉得非常有道理,并以坦率的心情反省自己,并表示:"自己有些疏忽是不对的,我一定想办法赶上去。"铃木立即着手策划,将年销售目标增加 100 万台,并打出"CM100 大作战"的旗帜,决心奋起直追,挽回面子。

在行动上,整个事业部的领导和员工同心协力,在短短半年内将销售体制、营销策略进行了全面调整,并将咖啡磨豆机做了升级设计,加有喷雾式漏斗,不仅美观,而且使用起来也更方便,这个升级版的咖啡磨豆机"开立佳"受到了消费者的欢迎,销售额自然逐渐上升。在刚推出"开立佳"时,厂里就有女员工自告奋勇出来推销,她们在商场里唱歌跳舞,吸引了很多的顾客。在整个事业部的努力下,松下咖啡磨豆机的占有率升至 35%,一跃成为全国第一。

在松下电器里,不管是经营者,还是部门领导,都会经常反省自己的行为并制定详细的重振计划,洗刷掉原来错误带来的羞耻,正是这种不断反省的精神使松下企业能够有不断进步的强烈愿望。

案例 2 · 在诱惑前清醒

松下先生作为一名成功的企业家,他认为生意上了轨道,经营得不错的时候,就会有很多的建议及来自四面八方的诱惑,所以在作出任何选择的时候都须特别谨慎,甚至要一遍一遍地判断是否正确。他讲到过一个差点就没有松下电器这个公司的例子:

以前在电灯公司认识的做技工的 A 君,突然找到松下说:"松下君,听说你辞掉了工作，开始自己做生意，后来又听说你做得很成功，所以很早就想来看你，今天终于来了。"松下听了很高兴，聊了松下工厂的很多事情，两个人甚至还筹划了将来。这个 A 君 3 年前从高等工业学校电机科毕业之后进入大阪电灯公司，家里非常富裕，他对松下说："你干得很好，可是，松下君，我想，与其你一个人不屈不挠以薄资做生意，不如从外面融资，改成有组织的大公司。一个人干，赚钱有限，又累，还得慢慢扩大，是件很不容易的事。我的一些亲戚朋友都有相当的资产，5 万或 10 万的资金是没问题的，只要你赞成就可以了，你考虑考虑吧。我虽然进入了电灯公司，但对零零碎碎的小工作不感兴趣，很想做一番大事业，如果我们两个人合作，将小工厂改成公司，共打天下，你看怎么样？"A 君很热心地向松下描述美好未来。

松下听了之后，被 A 君描述的蓝图打动了，也觉得十分有道理，与其一个人去做 10 份工作，不如两个人去做 30 份工作，于是跟 A 君说先回家考虑四五天，到时再去他家做进一步确定。回到家后的松下心思开始有点乱了，到底是一个人打拼好还是两个人组建大公司好呢？松下在家徘徊了两三天，还在犹豫中又去了 A 君家里，A 君倒是很急切地问："松下君，怎么样？决定了吗？只要你确定，我明天就辞掉工作，回故乡去，两三天之内，找 10 来家亲戚，每家筹个 5 千元、5 万元是没有任何问题的。"还在摇摆当中的松下，当时做生意也才一年多，5 万元不是一个小数目，加上松下本人此时对公司的发展并没有清晰的构想，只觉得 A 君的提议还不错，就稀里糊涂地答应了。

后来回到家里之后，松下再仔细地反思，才觉得答应得太草率了，自己很有可能就是被做董事、有钱、有地位一时蒙蔽了，A 君的性格自己也不太了解，能力也不知道怎么样，他说不想做电灯公司零碎的小事，说明这人还不是很可靠，再说，他有把握能募集到 5 万元吗？如果募集不到这些资金，又该怎样呢？越想越不对，觉得规模虽然小了一点，但还是一个人做比较好，不容易产生这样那样的分歧。但是自己又这样草率地答应出去了,大丈夫言既已出,岂能轻易反悔? 而且当时答应 A 君的时候,他太太也在场的,怎么开口取消呢?

又过了两三天,松下一直忐忑不安地想着两个人合作的事,越想越觉得 A 君太书生气,不实在,恐怕不能作合伙人,即使两个人真的合作了,也不一定真的有构想的那么美好,而且两个人合作本来就是充满了变数。于是他决定再去找 A 君商量商量,最好能取消这个提议。在去 A 君家的路上,松下一直想着"A 君回故乡去了吧? 工作辞掉了吗?"在胡思乱想中到了 A 君家,但没想到是,A 君竟然去世了,昨天刚发完丧,松下觉得像做梦一样。A 君太太说,松下回家后第二天,A 君就得了急性肺炎,过了两天就去世了。本来想去通知松下,苦于不知道他的地址没办法通知。A 君的突然离世,让松下茫然不知所措,A 君的提议自然而然也就取消了。如果真的当时就成立了公司,恐怕以后就没松下电器,更不会有后来跨国的松下集团了。但这件事给了松下很大的教训:面对诱惑时,一定要保持清醒的头脑,在事后要不断地反思,反省事情的经过和发展,如果是错误的,务必要马上纠正以免造成不必要的损失。

"诱惑"总是以"机会"的面目出现的,很多企业会面临着这样或者那样的选择,有的投资者会鼓吹高回报,但是,高回报意味着高投资、高要求、高风险,大多数企业并没有这样的实力去抓住这些所谓的"机会",甚至容易得不偿失。例如国产名牌"美加净",该护肤品在国内曾经有高达 20% 的市场占有率,1990 年,上海家化与庄臣合资,"美加净"品牌被雪藏,跨国公司对上海家化投入巨资,实际上是将"美加净"逐出市场,为自己的品牌开路。近年,上海家化不得不再花巨资将"美加净"品牌买回,重新打开营销,像这样的例子还有很多。国货名牌"大宝"在 2007 年就被美国强生收购,中华牙膏被联合利华租赁,双汇在 2006 年就卖给了美国高盛集团……在各行各业都有,引起过轰动的算是娃哈哈与法国达能的联姻,娃哈哈董事长宗庆后又要求与达能"离婚",强调娃哈哈是中国民族品牌。可是,就是这些我们眼中的民族品牌,经不住利益的驱使,被企业卖给了国外品牌,到最后还得花大价钱买回来,如果当时经营者有清醒的头脑,仔细思考问题的所在,并反省自己没看清楚是机会还是陷阱,恐怕也就不会有这样的问题发生了。

2004 年 12 月 1 日,中国航油(新加坡)股份有限公司通过新交所发面公司,公司正在寻求"破产保护",让海内外皆震惊,因为就在 2004 年春天的一个关于企业"走出去"的国际论坛上,中航油集团总经理兼新加坡公司董事长荚长斌曾发表新加坡公司风险管理的经验,他们公司的风险管理体系,还曾获得过国家级企业管理现代创新成果一等奖,那为什么发展得如此良好的企业居然会申请破产保护呢?是因为中航油公司总裁陈永霖涉足石油期货市场并旗开得胜,获得几千万美元,认为这是非常值得投资的,于是又购买了石油期权从 2003 年的 200 万桶急剧增加到 5200 万桶,导致企业 5.5 亿美元的巨额亏损。这并不是个例,有很多企业家被一时暴利所诱惑,房地产火热的时候投资房地产,期货赚钱就投资期货,最终导致本行没有做好,反而被行业淘汰。

五光十色的诱惑在投机者眼中是一个个机会,他们拼命地想抓住,最后却跌得更惨。作为一名管理者,必须要理智地面对诱惑,不要被一时描绘的美好未来或者一时的利益冲昏了头脑,作决策之前多推敲反省是否正确是很有必要的。

案例 3 · 在失败中革新

松下有位灵魂之友名叫加藤大观。加藤先生是真言宗的和尚,但并不是从小出家。可能是与佛有缘,直到 9 岁,在真言宗的一所寺庙中长大,后来成了一名刺绣工人,30 岁时患了一场大病,3 年不能站立。由于一心向佛,依对佛的力量才能走路,加深了对佛的信仰,终于入了真言宗的僧籍,被任命为"权中僧都"。松下在京都住家执行业务时,与加藤先生同室而居,那时松下总觉得自己生活中有很多迷惑,常被各种欲望困扰,也常失眠,过着没精神、没灵性的生活。

早上醒来,松下对加藤说:"师父,我昨天又没睡好,眼睛都是红红的。"

加藤回答他说:"如果常常失眠,事业做得再大也没有用。我已经70岁了,一躺下去就呼呼大睡,到底谁才是人生的成功者呢?你的公司有5000个员工,你是他们的首领,我虽然寄居在你的家里,心情却十分平静,不知道什么叫失眠,你真可怜,好好拜佛吧。"

松下依照加藤的话,点好佛桌上的蜡烛并问:"什么时候才能好呢?"

加藤却告诉他:"按照现在的生活方式,到死也好不了。向我看齐吧,我不大好意思开口,你的欲望太深,又想事业发达,又要钱,又爱名誉,又想服务社会,又希望员工高兴,又想游山玩水,又想身体健康……这样继续下去,失眠是不会好的,就是不全部丢掉,也该有所节制才好啊!"

因为松下先生的身体一直不好,他一直担心自己活不过30岁,加上父母早逝及经营过程中的一些挫折,经常令他产生一些消极的观念。但是在与加藤大观的交谈中,他渐渐领悟到人的思想比身体更强大,"现在"只是个瞬间,只有做好了每一个"现在",才能积累出更长远的"未来",而这个长期不断自我反省,使心情更加安稳,事业才会越来越兴旺发达。

松下后来在回忆中曾提到新泻地震给他带来的启发:没有问题就是最大的问题,要善于从问题中找出症结所在,并加以纠正。新泻大地震当时造成了巨大的破坏,桥梁、房屋等建筑物都受到不同程度的摧毁,给当地居民和经济发展更是带来重创。松下公司也不例外,但是松下听完了销售部的损失报告后,有点难以理解。因为松下公司并没有在那里建造厂房,所以不可能造成厂房、设备被损坏这种巨大的损失，新泻只有一个销售部门，怎么可能会有这么严重的损失呢？

经过松下更为深入的研究发现，原来地震前一些不必要的物品也运到了新泻，所以那里仓库堆积了很多多余的物品，如果供货适当，库存量也适当，就根本不会有如此严重的损失。松下感慨：如果不是这次大地震，那么库存积压的问题就不会浮出水面，那公司也不会想到去解决。经过新泻地震以后，松下想是不是其他的销售机构也是一样呢？于是他着手调查分布在全国的销售机构，发现大部分地方的情形和新泻一样。松下意识到这样是不行的，经过检讨后，开展各种调研，并在一些方面着手改进，调整和改革了整个经营体制，使经营更合理化。

天灾是不可抗拒的，尤其是现有的科学技术还无法准确地预测到灾害发生的时间、地点以及破坏程度，但我们可以从这些灾难中找出一些问题的症结。近年来，我国也是灾难频发，汶川地震、玉树地震、干旱、暴风雨等，这些都是我们要面对的，尤其是在灾后重建过程中，我们可以发现很多问题，这也是需要自省的能力，经营者要善于总结发现，才能使灾难变成一种改革的推动力。

松下经常说：没有问题就是最大的问题。公司如果一直顺利地经营，那经营者就要加以注意了，平静的表象下面可能隐藏着许多弊病，在这个时候，经营者必须提醒每一位员工，要加以防范，不然可能就像癌细胞，等扩散到一定程度的时候就积重难返了。

1955 年左右，松下电器曾面临着很大的危机，这个危机不是业绩或者经营出现了问题，而是由于金融界金银紧缩，引起企业界的资金短缺，造成庞大资金的重电机制造业打入电器业，这引起了业界的一片恐慌，而松下本身也是有问题的。当时的松下电器公司，每年增加员工 3500 人，占总人数的三成，每年新进的这些员工，需要有一个培养的发展过程，这就削减了公司的整体力量，而且公司人员不断增加，导致管理上有些混乱，凝聚力下降。

松下先生认为应该想个办法从危机中走出来,于是他提醒员工,每个人都应该坚守工作岗位并以谨慎的态度去面对和调整状态,并解决这些问题。但是这样过去了四五个月,情况仍然未见好转,松下感觉有点奇怪。如果在一个月内没有效果,那是很正常的,但是过了这么久还没有效果,那就是方法有问题,不然不会一直没有效果,于是他换种方式对员工说:

"我认为各位都有一种安逸的想法,认为业绩上所呈现的数字还算良好,所以都很放心,因此虽然明知要打破现状,却没有人去实施,但如果一拖再拖,将导致问题越来越大,如果等到事情真的出现了不良情况后,再去谋划解决方案,那就太迟了,所以我认为早期的判断是必要的,就像身体健康状况还算良好的时候,仍然要做健康检查,往往医生会告诉你哪里需要特别注意,那么对于一些微不足道的小毛病,就可以及早根治而不会造成大碍。"

"我认为不只总经理要做一个诊断整个公司的名医,每一位员工也要对自己的工作作诊断,要在外部看起来还不成为问题之前,先找出不好的地方早点根治,所谓问题就能防患于未然。在4个月以前,我和大家谈论的时候,大家或许还以为这是一种警告而已,并没有多加注意,当然我不是说所有的员工都是这样,但就整体而言,有这种倾向,这是必须加以改正的。目前,或许有许多弊病已经被发现了,同时也还未来得及改进,但现在如果仍没有正确的认识,可能就永远无法挽回了,因此我希望每一位员工能够站在自己的岗位上,深刻地反省我所说的,然后确实执行工作。"

经过松下先生的提醒,每一位员工都开始重新审视自己的缺点并加以改进,使得即将面临的危机,能顺利地解决,并仍然以稳健的态势发展,在预期的5年之内达成2000亿的销售额目标。最终该目标在第四年就顺利完成了。

我国著名的海尔品牌掌门人张瑞敏曾说过,"别看海尔发展到这么大,但我每天却是战战兢兢、如履薄冰,战舰一大,如果一招不慎,很可能造成全军覆没,所以,我每天都非常卖力,非常刻苦、非常谨慎地做好每件事。在企业的成长发展过程中,由于经验不足,资金不足,也很有可能缺乏必要的积累,抗风险能力和抗打击能力都很弱,这就要求经营者和管理者必须十分谨慎,对政策的发布和企业的管理要非常地仔细,以避免出现低级或者不必要的错误,使企业遭受挫折。"

松下还有一件无法忘怀的事就是"热海会议"。1964 年正是不景气的时候,市场恶化,销售公司及代理商陷入赤字的激增到 170 家之多,只剩 20 多家还算顺利,略有盈余。松下电器在热海召开座谈会,招待全国经销商及代理店的老板们,以了解他们的看法,因为当时全国的经济一片萧条,电器行业也差不多,甚至连一流的企业都亏损严重,松下想听听经销商和代理店老板们的意见。这是松下第一次听到销售最前线的心声,但是他所听到的情况却十分不好,甚至有人说松下的产品已经没有特色了,有人诉苦说松下的职员变得很官僚,也有人抱怨他们常常被迫进货。

第一天,松下在台上站了整整 13 个小时,倾听各方面的怨言,其中有一个人说:"我的店从父亲那一代开始,就和松下来往,如今我们虽然认真地做买卖,却不再赚钱了,松下有利可图,我们却没钱赚,这是怎么回事啊?"松下听了非常难过。

第二天情形依然如此,虽然也有经销商提出这其中不仅有松下电器的责任,也有他们自己的责任。松下忍不住说:"经销商应该是独立自主的经营体,必须主动去努力,才能增加收益。如果一味地依赖松下电器,情形当然得不到改善。然而,经销商和松下电器虽然是不同的经营主体,却是共存共荣、密切合作的对象,经销商不赚钱,那就等于是松下电器不赚钱,不可以弃大家而不顾。导致这种情况的原因,固然是由于日本经济衰退,但大家多年来经营顺利产生的安逸感,也是一个主因,在责任经销商摆脱对松下的依赖心理之前,松下电器也该立即改革,以解除危机。"

这件事让松下想了很久,回想起刚创业的时候,松下带着产品四处推销,接受批评，怀着感激之情一步步推销下去，现在松下做大了，却疏于和经销商、代理商沟通。所以不能一味地认为经销商贪图安逸，不求进取，而自己的错误却没有意识到，那就是最大的错误。

热海会议后，松下亲自代理因病休职的营业总部部长，积极解决经销商的问题，并提出了新的销售制度，经过再三地和经销商、代理店聚会，让他们对新制度能充分理解并展开合作，一开始他们都纷纷反对，幸好，经过松下的再三解释和劝说，终于基本赞同了，而后来大家的经营也渐渐扭亏为盈并发展得越来越好。

人称"日本的福特"的本田宗一郎，一开始创办了东海精机公司，但由于经验不足，经营了十几年也只是一个没什么发展的小公司，无奈以 100 万元卖出。第二次世界大战后，他重新创业，成立了本田技术研究所，从第一次创业的失败中吸取教训，认为自己没有经营好的原因在于自己没有关注企业的成长，而仅关注于生意的开展。本田公司关注于技术的研发，而将销售和公司的管理交给了合股人，5 年内，本田的资金从 100 万增长到 1500 万，并在多处建厂，成为当时日本领先的摩托车公司，后来又涉足汽车生产，成为著名的汽车公司，这让本田终于体验到了成功的喜悦。

当事情不顺利的时候，很多人一开始就会觉得问题出在他人身上并开始指责，但是只有多反省自己，多从自身找问题，积极探索并寻求支持，才能真正地解决问题。

本章启示

"生于忧患，死于安乐"，一个企业如果安于现状，不多思考并加以改进，那在竞争如此激烈的社会中必然会遭受失败，这是众所周知的道理。松下一直认为，一个人有苦恼，并无大碍，因为在担心一件事，那对这件事就必然充满警惕，这也是在平坦的高速路上，故意设计裁直取曲，制造一些弯道以提醒人们注意的原因。

善于自省是一个优秀经营者必备的素质，只有善于自省的企业家，才能不断地发现企业内部的问题并加以解决，也能不断地发现决策是否还适用于现有的企业，是否要加以修正，这样才能使企业的内部结构逐渐优化，更能适应内外部环境的要求，最终立于不败之地。

从松下的案例中我们可以看出，松下先生即使事业平稳，也会从外界环境的变化中提高警惕，从而挽救企业遭受由于经济或政治方面原因而导致的危机。更不用说在企业受到挫折的时候，他心里始终有一个信念，要不断地自省，从每一天、每一个时期的反思中看到问题所在，提高企业的抗风险能力。我国现在正处于经济调整发展的时期，而外部经济环境并不简单，甚至可以用风云变幻来形容，很多中小型企业在成长期就不幸夭折了，很少有像松下、通用这样的长寿企业。据调查中国每年有近 100 万家企业倒闭，大型企业的平均寿命只有 7～8 年，更不用说一些中小型企业了。在这里，我们可以从松下先生身上得到一些启示：

第一，保持谦逊，善于自省。经营者位于企业结构的顶端，保持谦逊和不断自省是非常有必要的，如对下属，一个盲目、骄傲自大的领导者得不到下属员工的信任和支持，工作将很难顺利地开展，而保持谦逊，善于倾听下属意见，也将得到下属的尊重和依赖，布置的工作也将很好地进行。对于工作，在工作未做到位时要勇于承担责任，随时反省错误的原因，并加以改进提高。这样的经营者才能在工作和人事上保持良好的状态。

第二，保持清醒的头脑，避免诱惑的陷阱。很多成长时期的企业经营者，往往容易因为一些花言巧语迷惑，作出错误的决定，从而出现很多"流星"企业。企业要做大做强，必须要有充分的准备和脚踏实地的经营。而有的企业就像走路还没学会就要去快跑一样，听到哪种投资赚钱就纷纷转移资金去做，这样"多而寡"的经营不仅削弱了整体的竞争力，也使得原来的支柱行业大大减弱，所以对企业的经营一定要保持清醒的头脑，不要被外界的诱惑所迷惑，专注于企业的发展，防微杜渐，企业才能够真正做大做强做久。

第三，在挫折中成长，在失败中革新。每一次困难的出现就像是黎明前的黑暗，困难过去了，就成就了光明，如松下每一次企业遭受危机或者困难的时候都能推出新的产品抢占市场。如果没有走过困难，那就将陷入低迷的黑暗甚至灭亡。一个企业的经营者，一定要正视困难和挫折，从企业内部寻找真正的原因，积极面对才能顺利地解决问题。世界上没有一直平坦的路，企业在发展过程中一定会遇到这样那样的困难甚至遭受挫折，经营者一定要有坦然面对的勇气和着手解决的魄力。

第十一章

全局视野，掌握趋势

大局出发，把握未来

> 领导者不可拘泥于眼前的枝节小事，而必须着眼于大局，从大局
> 来判断，这是非常重要的。在众多选择和事务中，分得出什么才是最
> 重要的，或必须最优先解决的，不断地探求和追究，为了大局的圆满，
> 放弃个人的意见或利益，这才是领导者的远见和应有的心理准备。
>
> ——松下幸之助谈领导者的气度

在企业经营中经常会碰到各类问题，企业战略、战术、管理等都需要从大局出发，才能为企业赢得声誉、赢得市场，使企业生命长存。

1994 年秋天，新上任的柯达总裁裴学德在杭州求见国务院副总理朱镕基，当时他提出了一个十分疯狂的动议。当时的柯达正陷入空前的灾难之中，这家因发明了感光乳剂而百年不坠的老牌公司受到了日本富士的强力冲击，在欧美市场节节败退；在中国市场上，富士占据着 70％以上的市场份额。通过常规的市场竞争，柯达几无胜出的概率。在风景秀丽的西子湖畔，裴学德突然对中方

提出：柯达出资不少于 10 亿美元，全行业收购中国胶卷企业。柯达的构想无比机巧地契合了中国政府对国有企业改造乏术的现实，朱镕基同意了裴学德的动议，并承诺亲自督办此事。由此柯达开始在中国攻城夺寨。2003 年 10 月，柯达与乐凯火线签约，以总值 1 亿美元的资金、设备和技术，换取乐凯 20％的股份，至此，中国胶卷工业的 7 家企业全数与柯达合资。在全球市场上，被富士打得晕头转向的"黄色巨人"终于在中国找回了尊严。1997 年，富士胶卷在中国的市场占有率为 70％，到 2001 年，柯达的份额反超至 67％。到 2005 年前后，柯达每年 60 亿美元的全球采购，有 1/6 来自中国，95％以上的柯达数码相机在中国生产。柯达还把全国 9200 多家彩冲店中的 2000 家改造成为数码影像店，把中国市场变成了柯达的全球第二大市场。正当柯达在中国战场上驰骋四野，捷报频频的同时，柯达却在行业转型中陷入巨大的困境。由于对数码技术不够敏感以及战略上的一再迟疑，柯达在全球市场步步败退。2002 年，全球数码相机首度超过传统相机，而柯达却仍然坚持传统的胶卷市场。2004 年柯达亏损 1.13 亿美元，2005 年亏损 7.99 亿美元，2006 年亏损 3.46 亿美元，2007 年，柯达为业务重组又花了 6 亿美元。2007 年底，柯达宣布退出乐凯，有媒体报道称，柯达在这场交易中赔了 1 亿美元。裴学德当年那个天才而疯狂的全行业并购战略至此失去了全部意义。这是全球商业史上一个十分值得研究的经典案例，十年之间，柯达在中国市场打赢了每一场战斗，可是同时，柯达却失去了整个战役。

强生公司在 1982 年遭遇轰动一时的"泰诺危机"：有居心险恶的人动了泰诺（"泰诺"是强生公司制造的感冒胶囊）药瓶，在药里掺了氰化物，致使美国芝加哥地区 7 人死亡。虽然死亡事件只发生在芝加哥地区，但强生公司的领导者罗伯特·约翰逊却立刻从整个美国市场收回了所有泰诺胶囊，估计花费 1 亿美元，并且发动 2500 人参与沟通行动，警示消费者立刻停止服药并退回该药品。美国一家报纸在报道此事件时写道："强生公司向大众显示，它愿意不计成本，为所当为。"人的生命与经济利益放在天平的两端，孰轻孰重，一目了然。强生公司面临危机时，牺牲小我，顾全大局，表现出大局为重的气度，令人钦敬。

日本兴业银行顾问中山素平评说道："松下先生擅长打大算盘。在挑选继承人的大事上，他挑选的，竟是监事的末座，年轻的山下，让其继任社长。他看中的，是山下能适时地转变、突破既定的观念，有远见，能掌握大局。同样，在他生意尚未上轨道时，他就开始倡导 PHP 运动。他所考虑的，不仅停留于生意兴隆的层面，而是以推动日本政治、经济来使松下事业获得繁荣。这是他一贯的经营哲学，也是被日本国人列为"受尊敬的人物"的第一个理由。松下幸之助堪称以大局为重的楷模。第二次世界大战之后，日本很多企业因遭受战争危机、负债过高而倒闭，不少著名的本土品牌面临被国外资本并购的危机，松下幸之助为挽救民族品牌，振兴国民经济，甘冒风险毅然出资收购了不少本土品牌。

案例 1 · 判断未来趋势

企业家要具备凭现状判断未来趋势的能力，现在是零，将来可能就是无限的。

——松下幸之助谈企业家预知未来趋势

松下电器从最初生产开关、车灯、电风扇底座等，慢慢发展成为一家具备一定规模的公司。松下幸之助意识到，小型马达是未来的发展趋势，具有广阔的市场前景,便与公司管理人员们商量生产马达,大家一致表示赞成。于是,松下电器创建了马达制造厂。

松下电器向外界发布这个消息后,前来采访的新闻记者问松下幸之助:"贵公司靠灯头成功,真是可喜可贺。但是,马达不像灯头那么简单,是正式的工业。不但技术、销售困难,而且已有厂商在做,你们现在才着手,会成功吗?"

松下幸之助反问他们:"请问各位在家里,有没有使用小型马达?"在场大约10位记者,没有一个人家里有。

松下幸之助说:"各位想一想,像你们这样受过高等教育的人,家里居然没有小型马达,实在令人惊讶。使用小型马达是一种必然趋势,将来,各位家里一定也会用到。而必须装配小型马达的商品也会相继问世。目前虽是零,可是将来的需求量是无限的。因此生产小型马达,是松下电器今后的方针。"

当时的人总觉得马达这种东西是动力电机厂的产品,不适合生产家电用品起家的松下来开发,而且曾经制造马达闻名的奥村、北川两家公司,先后宣告破产倒闭,大阪一带,没有一家电机制造厂敢再冒险生产马达。松下认为将来家家户户用10台马达的日子将会来临,就命刚从高等学校毕业才3个月的佐藤士夫负责研制。佐藤在学校里只学过一点理论,被派到研究室做中尾君的部下。一开始,从收购来的马达下手,拆开观察研究,松下给他5万元研究费,又派了一名京都大学电机系毕业的桂田德胜君助他,在困难重重下备尝辛劳,终于在次年11月完成了1/2马力的小型马达,命名为"松下开放型三相诱导电动机",开始制造销售。当时所得的评价,与闻名国际的三菱马达比较,竟毫不逊色,小型马达的开发成功了。于是松下在收音机部门工厂内,设立专门制造马达的工厂,开始大量生产。

事实证明,松下幸之助当初的想法没有错,如今,小型马达已成为每个家庭的必用品之一。

案例 2·着眼世界，全球竞争

经济全球化是不可阻挡的历史浪潮，这就要求企业经营者必须有全球视野，参与到全球竞争中去。松下是一个有全球视野的人。"朝鲜战争"之后，松下意识到拓展海外市场的时机已经来临。从前是以一个日本人的立场来考虑事情，如今必须从一个世界人的眼光来作判断。作为一个经济的世界人，松下认为必须利用日本民族的优异性，去从事世界性的经济活动。由此向员工提出：从今日起，要以"重新开业"的心态，开拓企业的经营。

1950 年 6 月"朝鲜战争"开始，美国向日方订购大量特殊物资，世界经济恢复，沉在谷底的日本产业界，一时解除了没落的危机。6 月份朝鲜战争爆发以前，松下电器每月的销售额仅几千万元。6 月以后，销售情况好转，有盈余了，营收大幅度改善。这一年，松下接到各种战争必需品的订单，包括干电池、蓄电池、通讯机、电灯泡等，总价将近 4 亿元。1951 年 7 月停战后，订单渐渐减少，然而这时经济已经恢复，电器用品的销售额大幅度增长，为了迎接民营广播时代的来临，5 月间开始发售高级收音机，12 月开始发售新型照明器具——日光灯。同时，因战争而中断的电视机研究，也在这一年重新展开。

海外战争除了给松下带来了巨大的收获外，更重要的是使得松下的眼光看得更广阔。1951 年 1 月，松下第一次赴美。此行的目的，主要是调查海外市场，引进国外技术，学习别人经营的长处。一个朝气蓬勃的美国计程车司机问松下："怎么样？美国是不是一个很自由的国家？"从这位年轻人的问话中，松下听出了美国的自由与繁荣，电视普及率急速增加，很快达到了 700 万台，收音机也突破 1 亿台，此外还有各种电子仪器陆续大量生产。松下参观了一家扩音器制造厂,员工只有 350 名,每月却制造出 15 万台产品,美国一家电子管制造厂女工的薪水,比日本一个总经理的还高。收音机零件的订单,动辄上千万。一些专门制造厂聚集在一起,产生令人难以想象的效果,特别是在电子技术方面,更令人刮目相看。松下看到"专门分工"在美国,以惊人的规模和速度推动实现。而美国的文明,不过是迈向人类理想境界的必经阶段。引进美国的长处,活用其优点,则日本必将变得十分进步和繁荣。4 月 7 日松下结束访美返日,对专门分工的方针更有信心,同时确认电子技术方面应该向海外学习。根据这个结论,除原先已成立第四事业部外,又把第一事业部的电灯泡、日光灯、电子管等部门独立出来,新设立第五事业部,积极进行海外技术引进的准备工作。

1951 年 10 月,松下再度赴美,然后转往欧洲,12 月返回日本。此行的目的是,寻求电子工业方面的合作厂商。松下觉得飞利浦公司有优秀的技术,经营情况良好,而荷兰与日本相比,土地狭窄,资源缺乏,在这样的环境中,飞利浦却能在 60 年内从制造电灯泡开始,成长为在全球拥有近 300 家工厂和销售网点的世界知名的电器厂商。这么辉煌的历史,显然有很多地方值得松下学习。最终松下选择和飞利浦公司进行合作。

进行技术合作的交涉当中,出现了几个问题:飞利浦提出条件是共同出资,总资本额 6.8 亿元,他们出 30%。但这一笔钱,要从飞利浦该拿的技术指导费中抵算。结果,所有资金负担全在松下身上。用这么庞大的资金设备去生产,到底能不能开拓足够的市场呢?何况飞利浦要求的技术指导费,高出美国公司的 3% 之多,飞利浦要求 7%,经过几次谈判的结果,降为 5%。松下认为还是太高了,飞利浦却认为有价值,飞利浦答应派遣技术人员负责全力指导。那么,松下公司岂不也可以派遣经营人员负责指导新公司吗?倘若飞利浦公司的技术指导有价值,松下公司的经营指导也是有价值的。根据这个信念，松下公司和飞利浦公司继续交涉，飞利浦虽然觉得很伤脑筋，最后还是同意飞利浦指导费降为 4%，松下的指导费定为3%。1952 年，松下公司与飞利浦签订技术资本合作契约。这一次，松下只要去荷兰签个字就行了，这趟非常轻松的旅行，却使松下倍感疲倦。原因是松下不知道这次合作是不是正确的选择。关于这一点，松下还不能十分确定，事实上，松下是以一种非常矛盾的心情去签约的。松下告诉自己，到了这一步还会感到疑惑，未免太不成熟了。松下深深觉得，在紧要关头仍能冷静理智地处理事情，才是真正的伟大，松下觉得应该修养这种心境。松下自问与飞利浦的合作，并不存有半点私心，认为做得很对，因此坦然地签了字。飞利浦公司的负责人把这一次合作形容为"与松下电器结婚"。1952 年 12 月，终于诞生了子公司——松下电子工业株式会社，在大阪设厂，生产电灯泡。日光灯、电子管、电视显像管、手提收音机等，而松下电器的各有关事业部门，就利用生产的产品使松下电器的品质提高到世界水准。

1951 年 8 月，松下派公司职员到东南亚、中东、南美等处，开拓海外新市场。1953 年成立纽约办事处，1954 年，终于把 2 万台电子管手提收音机向美国出口，其他国家的外销业务也在迅速增长，达到了年营业额 5 亿元。

1953 年，松下公司兴建了"中央研究所"，真正开始全面加强技术研究。"中央研究所"是从事基本研究和指导各事业部门的新产品开发。为了迎接自动化时代的到来，一并进行新机器设备工具的研究开发，因此有专门的机器制造工厂，还包括了产品设计在内，是一个综合性的研究机构。松下初次到美国时，看过据说是当时最新式的干电池制造机。当松下第二次再去，却发现去年最新式的机械，在一家干电池工厂里成了最古老的机器，这让松下大吃一惊。一般市面销售的机器是普通货，一流制造厂商都有自己公司设计的机器，不愿对外公开，因为比市面上的优良好几倍。如果没有自主的心理准备，只想依赖别人的力量或金钱，是不可能做出真正好的设计的。松下看到这个事实,觉得还不太迟,可以迎头赶上。只要资本许可,就要全力更新生产设备。正在这时候,松下面临着美国有力的干电池制造商向日本的挑战。这一年,美国R公司决定和日本某干电池制造厂合作生产。为应付R公司的挑战,中央研究所与第二事业部的技术人员在短期内竟开发成功高性能干电池,品质毫不逊于对方。社会一般人士都认为松下宝刀未老,国际牌干电池的地位得到巩固。

本章启示

清代的陈澹然于《寤言二迁都建藩议》一书中说过:自古不谋万世者,不足谋一时;不谋全局者,不足谋一域。一个国家需要有全局意识才能实现整个国家的可持续发展,实现富民强国。同理,企业经营者在企业的经营过程中同样需要全局意识,带领企业实现持续发展。

雄鹰在天空翱翔的时候,是得益于开阔的视野才能做"天空之王"。大家对"井底之蛙"这一成语也可谓耳熟能详。青蛙就是因为自己的视野只局限于一个井口那么大,所以它才自以为是地认为天空也是如此。可见,眼界狭小,目光短浅会害人不浅。在经济全球化的今天,一个企业若是缺乏宽阔的全球视野,很难有长足的发展。柯达最后全盘的失败就是一个鲜明的反面例子,假如它能审时度势及时作出调整,或许就会有另外一个结局。

有这样一个经典案例:两家鞋业公司为拓展海外业务,分别派一名业务员去非洲为产品调查潜在的市场。他们去了同一个市镇,也调查了同样的人。一名业务员发现这里的居民几乎不穿鞋后,给公司发回文说:"这里没有市场,因为人们不穿鞋。"而另一名业务员则发回文说:"这里有巨大的潜在市场,因为人们都没有鞋穿。"基于他们的不同报告，前一家公司放弃了原本到非洲拓展业务的计划，而后一家公司则通过大力宣传和普及推广，迅速占领了该地的鞋类市场，最终在非洲获得了极大成功。

从这一故事可见，视野不同的决策者最终所作的决定也不相同，而后来的成败结局形成鲜明对比。从某种程度上说，视野决定成败也不无道理！视野越是开阔，所采取的行动越是具有开拓性，对事物的认识越是深刻和准确，这样，成功的几率就成倍增长。21世纪企业在竞争中，也许有风和日丽、云淡风轻的时候，但大多时候是狂风暴雨、电闪雷鸣，让经营者措手不及，临阵乱了手脚。大风大浪过后，如果能不让自己迷失，寻找到一条新的道路，那么这样的企业家无疑是伟大的，而他的企业也无疑会保持创业的激情。视野是企业家的一种能力和品质。企业家也只有登高才能望远，以开阔视野和博大气度来引领产业万古长青。

松下先生从不囿于企业现有的各项条件，敢想敢做，能作出常人所不能想和不敢想的决策。中国企业以同质化竞争进入全球市场，而美国却通过不断创新，开创了如 Google、Facebook 等世界级大公司，不仅给自身带来发展机会，同时还给全球带来了一系列新机会，最终实现共赢。中国企业在全球化的进程中，也应该从思维和视野上进行转变，完成从组装大国到制造大国、从价格竞争到价值竞争的转变。

中国人乃至亚洲人都需要解放思想，争取带来一系列引领全球的创新。如果我们仅仅认为西方高高在上，而我们低低在下，如何把西方先进的管理理念引进中国，我们永远出不了微软、苹果公司，永远出不了谷歌、星巴克。我们有必要也有条件进一步地解放我们的思想，出一批源自中国、能引领全球的创新。

少年时代的松下幸之助只受过 4 年小学教育,因父亲生意失败,曾离开家到大阪去当学徒,1918 年,23 岁的松下在大阪建立了"松下电气器具制作所",接连推出了先进的配线器具、炮弹形电池灯、电熨斗、无故障收音机、电子管、真空管、晶体管等一个又一个成功的产品,7 年之后,松下幸之助成了日本收入最高的人。从那时起,直到 1988 年的 63 年中,有 10 年他的收入均为日本第一位,有 6 年居第二位,1989 年他逝世时,留下了 15 亿多美元的遗产。在松下的晚年,荣誉接踵而至,可以说是荣宠备至。而这些荣誉的获得,完全是对他50 多年艰苦奋斗经历的最好肯定。无论国内还是国外,无论政府还是民间,人们都是因为衷心感谢他的卓越贡献才给予他这些荣誉的。

稻盛和夫的《活法》中有这样一段话:40 多年前,我第一次有幸聆听了松下幸之助的演讲。当时松下先生并没有像后来那样被神化,我也不过是一个无名中小企业的经营者。松下先生在演讲中讲到有名的"水库式经营"。一旦下大雨,未建水库的河流就会发大水、发生洪涝灾害;而持续日晒,河流就会干涸,水量就会不足。所以,建水库蓄水,使水量不受天气和环境的左右并始终保持一定的数量。经营方面也一样,景气时更要为不景气时作好储备,应该保留一定的后备力量。听了这样一番话以后,聚集着数百名中小企业家的会场里,不满意的声音像波浪一样传播开来,但坐在后方席位上的我听明白了。"说些什么呢? 不正因为没有储备,大家才每天挥汗如雨、恶战苦斗的吗? 如果有储备,那么,谁都不用这样辛苦。我们想的是如何去建造这个水库,而你再三强调水库的重要性,又起什么作用呢?"会场里到处都听到这样的牢骚或交头接耳的声音。演讲终于结束,到了答疑时间,有个男士站起来不满地提出质问:"如果能够进行水库式经营当然好,但是,事实上却不能。若不能告诉我们怎么样才能进行水库式经营的办法,那还值得说吗?"对此质问,松下先生温和的表情中露出一丝苦笑,沉默了一会儿,然后解释道:"那种办法我也不知道,但我们必须要有不建水库誓不罢休的决心。"此时,全场哑然失笑。几乎所有人都好像对松下先生不是答案的答案感到失望。但是,我没有失笑也没有失望。相反,我受到似乎像电流击穿身体似的大冲击,既茫然若失又惊叹不已,因为松下先生的话对我来说简直就是真理。看完这段文字我同样有一种受电击的感觉,松下的经营智慧值得任何一个做企业的人借鉴,经营企业的过程中反复地体会咀嚼才能得到其经营的真谛。

林军曾指导我说过一段话:"分析一个成功的企业家,一定要把他放到时代背景下去看,分析当时的社会大环境,那个时代发生了什么事,其他成功的企业家又在做什么,由此你才能够更清楚地看到他的成功之道,他的智慧。"在追寻松下经营之道,探求其经营智慧时,我经常会联想到国内现在的企业家和企业,如联想、华为、TCL、海尔等制造业品牌是如何在各自企业家手下经营的。互联网时代,大家都在讲创新,追求创新,企图通过某一技术发生变革,由此创造出伟大的企业。松下的创新包括产品创新都是在原有的基础上的微创新,改良产品,一点点积累起来的。在这点上,周鸿祎多次讲到对其产品的微创新改变世界。前不久李开复也用微创新来解释自己的项目。苹果、微软和谷歌所创造的革命性创新,在整个 IT 历史上都是可遇不可求的。而创新工场目前所做的基于既有产品的改良,其实也是一种微创新,这更符合国内的实际情况,更容易市场化。这和松下的做法有很多的相似之处,在已有产品上进行改良,更好地为客户服务。我总是试图在他们彼此之间找些碎片,擦出许些火花,引导自己更多的思索。

在本书的写作过程中,我参考了松下幸之助的《松下幸之助自传》、《经营深思录》和《经营的本质》,周侃的《经营之神松下幸之助商法》,江新的《松下幸之助创业之道》,李海明的《松下幸之助经营之道》,孙鹤翎的《松下幸之助智囊全集》,潘竞贤、周来阳的《松下幸之助管理日志》,赵凡禹的《松下幸之助全传》等书籍,以及百度百科、智库百科、维基百科、豆瓣网、新浪博客等媒体的报道,在此一并致谢!

非常感谢华夏在本书写作过程中给予我的指导,他给了我很多鼓励和帮助,告诉我方法论,使我在写作中经常保持着愉快的心情。我想松下的经营智慧值得所有企业经营者去学习分析,本书只是起一个抛砖引玉的作用,不足之处还请大家谅解和指点。

图书在版编目(CIP)数据

松下幸之助的经营智慧/曾信智编著. —杭州：浙江大
学出版社，2011.6
ISBN 978-7-308-08561-8

Ⅰ.①松… Ⅱ.①曾… Ⅲ.①松下幸之助(1894~1989)
－商业经营－经验 Ⅳ.①F715

中国版本图书馆 CIP 数据核字（2011）第 059740 号

松下幸之助的经营智慧

曾信智　编著

策 划 者	蓝狮子财经出版中心
责任编辑	张　琛
出版发行	浙江大学出版社
	（杭州市天目山路 148 号　邮政编码 310007）
	（网址：http://www.zjupress.com）
排　　版	杭州大漠照排印刷有限公司
印　　刷	浙江印刷集团有限公司
开　　本	710mm×1000mm　1/16
印　　张	12.75
字　　数	155 千
版 印 次	2011 年 6 月第 1 版　2011 年 6 月第 1 次印刷
书　　号	ISBN 978-7-308-08561-8
定　　价	35.00 元

中国著名企业家经营日志系列13

徐明天◎编著

郭台铭
管理日志

中国著名高校十大商学院教授
联合推荐

房以宁【北京大学】	钱颖一【清华大学】
张维制【中欧商学院】	项兵【长江商学院】
陆雄文【复旦大学】	徐飞【上海交通大学】
王重鸣【浙江大学】	白长虹【南开大学】
蓝海林【华南理工大学】	李先金【四川大学】

浙江大学出版社

《郭台铭管理日志》

作　　者：徐明天
定　　价：39.00元
ISBN：978-7-308-08453-6

　　30年前，他名不见经传；20年来，他深耕大陆；如今，他叱咤风云、纵横四海；他是"打不死的蟑螂"，不工作就会生病；他霸气、独裁，崇拜成吉思汗。2010年的富士康员工坠楼事件使他成为了公众和媒体的焦点，然而无论舆论给出何种方向，都无法质疑他领衔全球"代工之王"的经营管理能力。他就是"科技枭雄"郭台铭。

　　本书以"管理日志"的形式，用12个章节阐述了这位世界五百强企业管理者在个人奋斗、领导策略、市场竞争、科技制造、产品质量、人才培养、文化建设等方面的管理理念，为读者呈现出郭台铭新颖而直接的企业领导力。

关键竞争、责任导向、**透明化战略**、全价值链、
持续创新、重新国际化
新结构性竞争时代正在来临，市场全方位较量格局已经形成。
未来企业如何应对？
六大商业常识，为您解答！

竞争的六堂常识课

韦三水◎著

ZHEJIANG UNIVERSITY PRESS
浙江大学出版社

《竞争的六堂常识课》

作　　者：韦三水
定　　价：32.00元
ISBN：978-7-308-07576-3

当前,新结构性竞争时代已经来临,其突出表现在于:市场的竞争已经不再固守传统的单点优势,而是产品创新、品牌运作、营销整合、渠道深耕、内部组织结构以及全球资源有效配置等全方位的较量。

本书通过对一连串的中国知名企业——蒙牛、伊利、华润雪花、青岛啤酒、百度、汇源、中粮等的剖析,勾勒出赢在结构性竞争时代的六大核心新商业常识与密码——关键竞争、责任导向、透明化战略、全价值链、持续创新、重新国际化。这六大商业竞争密码也正是未来企业长大长高的必备特质。